MARGIT STRASSER

WAHRsageZeit!

Ganzheitliche Impulse für ein (sinn)erfülltes Leben

1. Auflage 2017
Autorin: Margit Strasser
Umschlagbild/Bild Seite 3: © Viola Schütz
Fotografien Innenteil: S. 10 © Thomas Francois/fotolia,
S. 18 © volff/fotolia, S. 30 © starblue/fotolia, S. 94 © Argus/fotolia,
S. 116 © tashatuvango/fotolia, S. 162 © Romolo Tavani/fotolia,
S. 188 © Delphotostock/fotolia, S. 216 © Liddy Hansdottir/fotolia,
S. 244 © ra2 studio/fotolia, S. 274 © PhotoSG/fotolia
Printed in Germany
Verlag: tao.de in J. Kamphausen Mediengruppe GmbH, Bielefeld,
www.tao.de, eMail: info@tao.de

Bibliografische Information der Deutschen Nationalbibliothek:
Die Deutsche Nationalbibliothek verzeichnet diese Publikation
in der Deutschen Nationalbibliografie; detaillierte bibliografische
Daten sind im Internet über http://dnb.d-nb.de abrufbar.

ISBN Paperback: 978-3-96240-025-5
ISBN Hardcover: 978-3-96240-026-2
ISBN e-Book: 978-3-96240-027-9

INHALT

VORWORT

WAHRsageZeit!

Welcher Gedanke steckt wohl hinter diesem ungewöhnlichen Buchtitel? Geht es um Wahrsagerei, oder liegt die Betonung eher auf WAHRheit?

Keinesfalls darf nachdem Titel geschlossen werden, daß es in diesem Buch inhaltlich um Wahrsagerei geht, so wie diese gemeinhin verstanden wird als „das Künden verborgener oder zukünftiger Begebenheiten mit Hilfe von vorgeblichem Hellsehen, bzw. vom Deuten von zufälligen Erscheinungen und Ereignissen" (Duden). Nein, im Gegenteil: die Autorin distanziert sich bereits im ersten Kapitel, das den Titel „Astrologie" trägt, ausdrücklich von der „Wahrsagerei" im üblichen Sprachgebrauch. Man muß das Buch durchlesen und auf sich wirken lassen, um zu einem eigenen Schluß zu kommen – am Schluß!

Margit Strasser führt den Leser ihres Buches von Kapitel zu Kapitel auf sicheren logischen Pfaden in die Geheimnisse ihrer erfolgreichen Life-Coach-Arbeit ein, die wunderbar flankiert ist von der speziellen Fähigkeit der Psycho-Physiognomik, der Hohen Kunst der Astrologie und – man höre und staune – der Gabe der außersinnlichen Wahrnehmung der Ausübenden.

Aber nun mal der Reihe nach: Das Leben der Autorin in der Kindheit und im jugendlichen Alter stand „unter gar keinem guten

Stern". Umso beeindruckender wirkt die umfangreiche Liste der Ausbildungen, die sie absolviert hat: Technische Ausbildung (Informationselektronikerin), Fernstudium (Betriebswirtschaft), Coach-Ausbildungen, Ausbildungsreihen in Psycho-Physiognomik, Studium der Astrologie und der energetischen Heilweisen. Hut ab vor so viel Lerneifer und Gratulation zu den wohlverdienten Abschlußlorbeeren!

Man möchte nun hinter dieser erfolgreichen Karrierefrau eine vorwiegend „analytisch" ausgestattete Dame vermuten - wie sie sich ja auch in der ebenso fundierten wie messerscharfen Kritik an der Pharmaindustrie (Chemo- und Impfgeschäft) beeindruckend zeigt - wird jedoch umso mehr überrascht, wenn sie von den so ganz anderen offensichtlich schon vorhandenen Fähigkeiten der feineren Wahrnehmung (ASW) schreibt, die sie nur „erwecken" und sich zutrauen mußte. Natürlich läßt sie mit dieser „Ausstattung" keines der zur Zeit brisanten Themen aus, ob es sich um die leichtfertig betriebenen Behandlungen unter Hypnose, die Familienaufstellungen oder Rückführungen handelt; man versteht in ihren Erklärungen sehr wohl die Gefahren, die sich dabei ergeben können. „Denn sie wissen nicht, was sie tun!" - Und wenn sie es wüßten, würden sie es nicht tun!

Gleich im ersten Kapitel „Astrologie" wird einem in beschämender Weise klar, wie doch diese „Wissenschaft vom Einfluß der Gestirne auf irdisches Leben" entgegen der allgemeinen Auffassung breit aufgestellt ist, weit über das allbekannte Geburtshoroskop hinausreicht und mit den Werkzeugen der

Jahreshoroskop-Deutung, der Transite-Betrachtung, der Synastrie (astrologischer Partnervergleich), sowie der so hilfreich exakten Stundenastrologie sich zu einer echten Kunst gestaltet. Gänzlich ins Staunen kommt man als astrologischer Laie, wenn dann noch von der „Astro-Kartographie“ die Rede ist, in der das Zusammenwirken der persönlichen Planetenlinien, auf die Erdoberfläche projiziert, mit den Ländern und Regionen unseres Heimatplaneten, die sie überstreichen, herausgelesen werden kann. Beeindruckend wie segensreich und klar sich diese „Arbeit“ im reellen Leben auszahlt!

Wenn der Leser aber gerne etwas zum Schmunzeln wünscht – wie ich – dann freue er sich auf die vollkommen überzeugende Beschreibung der Tierkreiszeichen Skorpion und Wassermann mittels Hund und Katz.

Bei so viel Wissen und Können der astrologischen Begleiterin nehmen einen dann die ebenso hilf- wie erfolgreichen praktischen Anwendungen nicht mehr wunder, aber in ihrer logischen Auswirkung sind sie doch wunderbar und spannend beschrieben im Praxisteil.

Erfreulich wirkt auf mich und sicher auch auf andere Leser/innen die Ernsthaftigkeit der Vorgehensweise und die wiederholte Betonung der enormen Verantwortung, die der Ratgeber gegenüber seinen hilfesuchenden Klienten hat. Insbesondere spricht mich die sehr achtsame und zurückhaltende Vorgehensweise der Autorin an, wenn sie bei ihren Hilfesuchenden nur die

Tatsachen und Lösungsansätze ans Licht holt, die – laut eigener Aussage der Betroffenen - sowieso schon unter der Decke des Tagbewußtseins herangereift waren und nur noch „geboren" werden mußten.

Sehr zielführend finde ich die zahlreichen Zitate aus den Aussagen von Experten wie etwa Bruce Lipton zu Epigenetik und Zellbewußtsein oder Rupert Sheldrake zu den morphogenetischen Feldern, die problemlos die telepathischen Vorgänge erklären.

Enorm viele Informationen und Anregungen bekommt man zum Thema ganzheitliche Ernährung, zur Wichtigkeit von Wasser und Salz, wie der Biophysiker Peter Ferreira eindrucksvoll schildert und wie der Parawissenschaftler und Alternativmediziner Masaru Emoto in wunderbarer Weise in seinen Mikrobildern von Wasserkristallen darstellt.

Da dürfen natürlich auch drastische Schilderungen der Tier-KZs nicht fehlen, die den Menschen auf die Verbrecherbank befördern und wo keine Entschuldigung gewährt werden darf. Diesen Ansichten der Autorin kann man nur noch zustimmen und, wie empfohlen, die gesunde Ernährung schon beim Einkauf beginnen lassen und am besten gleich Vegetarier werden. Der Buchtipp „Peace-Food" des Autors Dr. Rüdiger Dahlke paßt hier hervorragend, wie auch alle anderen so zahlreich gegebenen Buchtipps enorm zielführend sind; man möge also am besten gleich zum vegetarischen Bücherwurm werden!

„Wie wahr, wie wahr" kann ich nur sagen zu den Aussagen in Kapitel „Ganzheitliches Coaching", wo von den „lebenden Toten", die es schon in relativ jungen Jahren zu geben scheint, die Rede ist; da kann man lesen: „von dem Zeitpunkt an, wo der Mensch keine Ziele mehr hat, da beginnt der Sterbeprozeß".

Die hier beschriebenen Gesetze der Resonanz und der Anziehung der Gleichart setzen in ihrer Klarheit die Glanzpunkte in diesem Kapitel; vor allem das umfangreiche Zitat aus der Gralsbotschaft von Abd-ru-shin über die neutrale Gotteskraft, die der Mensch je nach seinem Wollen lenken kann zu guten und zu üblen Auswirkungen, lassen an Brillianz der Formulierung und Wahrheitsgehalt nichts zu wünschen übrig; nicht zu überhören ist auch die darin begründete Verantwortung, die der Mensch als Inhaber des Freien Willens zu tragen hat.

Nun werden wir im Kapitel „Lebensfragen" noch weiter in die eher psychologischen und religiösen Sichtweisen der Lebensführung geleitet. Fragen werden gestellt wie, was sind echte Werte, was ist wahrer Selbstwert und hat das Leben einen Sinn, der zu suchen und zu finden ist, wenn man wirklich Mensch sein will? Und wie steht der Mensch zu seinem Gott? Haben wir nicht immer Grund zu Dankbarkeit und Ehrfurcht der Größe der wunderbaren Schöpfung gegenüber? Frau Strasser führt ein Dankbarkeits-Tagebuch; sie kommt zu dem Schluß, daß wir in der absoluten Fülle leben, wenn wir es denn so zu sehen vermögen. Sie spricht hier in anrührender Weise von ihrem „Morgengebet", dem auch die Zuwendung für den Körper (Yoga-Übungen) nicht fehlen darf. Auch das Segnen von Speisen und Getränken und von (sogar unliebsamen) Zeitgenossen gehört zu ihrem Leben, worüber sie in überwältigender Offenheit spricht.

So rundet sich der „Spaziergang“ durch dieses empfehlenswerte Buch: Bringt man in schonungsloser Offenheit die Mißstände auf allen angesprochenen Gebieten an den Tag, so gehört auch die schlichte Offenlegung der eigenen Denkweise über Gott und die Welt wie ein Geschenk an den Leser unabdingbar dazu.

So sehe ich nun - am Schluß – die Forderung, die in dem Buchtitel steckt, als ehrlich erfüllt an: WAHRsageZeit = es ist an der Zeit, die Wahrheit klar zu sagen und zu leben.

Diesem Buch wünsche ich von Herzen Erfolg und Verbreitung weltweit.

Zum Sommerende im Jahr 2017

Sieglinde Fuchs

EINLEITUNG

Das Wesentliche ist für das Auge unsichtbar

Die Intention dieses Buches besteht für mich darin, mit interessierten Menschen in Kontakt zu kommen, die sich mit sinnvollen Zusammenhängen des Lebens befassen möchten und Antworten auf Fragen suchen, die sich nicht ausschließlich mit dem logischen Verstand erklären lassen.

In dem Buch „Der kleine Prinz" von Antoine de Saint-Exupéry finden wir das wunderbare Sprichwort: „Man sieht nur mit dem Herzen gut. Das Wesentliche ist für das Auge unsichtbar."

Dies ist für mich ein verschlüsselter Hinweis darauf, dass wir alle viele verborgene Sinne in uns tragen; wir müssen nur wieder lernen, diese auch bewusst wahrzunehmen und anzuwenden! Die Schulung unserer verfeinerten Wahrnehmungsmöglichkeiten kann eine spürbare Erweiterung unserer alltäglichen fünf Sinne bewirken und aus eigener Erfahrung kann ich sagen, dass das gezielte Training unseres - ebenfalls natürlich angelegten - siebten Sinns uns neue Horizonte und andere Dimensionen erschließen kann! Die Entwicklung unserer unbewussten und spirituellen Fähigkeiten ermöglicht uns sogar die Verbindung zu universellen Informationsspeichern, in welchen wir die Antworten auf unsere essentiellen Fragen finden können. Durch das Verständnis einfacher Naturgesetze und deren Integration in unseren Alltag können wir erkennen, dass alles, was in unserem Leben geschieht, einen höheren Sinn ergibt und dass die selbsttätig arbeitenden Gesetze dieser Schöpfung stets für einen gerechten Ausgleich sorgen.

Unser innerer Reichtum

Haben Sie sich auch schon einmal selbst dabei ertappt, dass Sie die Fähigkeiten anderer Menschen bewundern, die Sie sich selbst nie zutrauen würden? Weshalb bestaunen wir bestimmte Talente bei anderen Menschen und halten vieles bei uns selbst für unmöglich? Dieses Buch soll Mut machen, Impulse geben und dazu anregen, unseren Blick wieder verstärkt auf unseren inneren Reichtum zu richten, auf unsere oft verborgenen Fähigkeiten, Talente und Potentiale, die in jedem von uns schlummern und leider zum Teil ungenutzt verkümmern. Meist sind es unsere subjektiven Sichtweisen, Gedanken und Lebenseinstellungen die uns daran hindern, aus unseren Stärken das Beste zu machen.

Oft sind die Wege zu unserem Glück viel einfacher, als wir es uns vorstellen: JA, es darf manchmal sogar leicht und spielerisch sein, doch viele von uns müssen erst wieder lernen, die Geschenke des Universums freudig und dankbar anzunehmen. Es gibt Menschen, die im Lauf ihres Lebens eine wahre Meisterschaft in der Verhinderung von Lebensglück entwickeln, was natürlich nicht absichtlich, sondern meist auf der vollkommen unbewussten Ebene geschieht.

Wir alle ziehen uns im Lauf der Zeit durch schlechte Erfahrungen und schmerzhafte seelische Verletzungen eine Fülle von unbewussten Prägungen zu, die eine große Anzahl an negativen Glaubenssätzen verursachen können und damit verbundene Sabotage-Programme automatisch in unserem Unterbewusstsein ablaufen lassen. Diese Automatismen lassen uns oft in einer destruktiven und zum Teil selbstzerstörerischen Art und Weise denken und handeln. Doch wir können diese Konflikte und Blockaden bewusst klären und verabschieden, denn das Leben stellt uns zwar vor unsere Aufgaben, bietet uns aber auch die Lösungen!

Die Voraussetzungen dafür sind im Prinzip denkbar einfach: es genügt, dass wir wirklich gutes Wollen in uns tragen und bereit sind, dafür zu tun, was in unseren Kräften steht! Diese innere Einstellung kann glückliche Fügungen anziehen wie ein Magnet die Eisenspäne! Ich wünsche mir von Herzen, dass die Leser dieses Buches am Ende meine eigene Erkenntnis teilen können: dass es das Leben gut mit uns meint, uns täglich viele gute Möglichkeiten bietet und dass es an jedem von uns selbst liegt, diese Chancen auch am Schopf zu packen und zu nutzen!

Herkunft

Ich bin als jüngstes Kind mit sieben Geschwistern in einer zehnköpfigen Familie aufgewachsen. Meine Eltern verdienten sich ihren Lebensunterhalt mit einer kleinen Landwirtschaft, die zu wenig abwarf, um sorgenfrei zu leben, aber doch zu viel, um zu sterben; zumindest drückte sich einer meiner Brüder immer so aus und dieser Satz klang mir viele Jahre lang in meinen Ohren. Heute, im Nachhinein, zolle ich meinen Eltern große Achtung und Respekt dafür, dass sie beide mit den damals vorhandenen Mitteln in der Lage waren ihre acht Kinder großzuziehen und dabei ihr mühsames Tagwerk zu verrichten, was bestimmt von beiden eine unglaublich große Leistungsbereitschaft voraussetzte.

Ich wuchs also auf, im festen Glauben, dass wir zu den armen Leuten gehören, mit denen es das Leben nicht so gut gemeint hatte und da ich – als typisches Fischlein - schon in meiner frühesten Kindheit zum Tagträumen neigte, floh ich bei jeder Gelegenheit aus der oft sehr traurigen Realität, zog mich bei Problemen in mein bilderreiches Innenleben zurück und malte mir zum Trost mein wunderbares, zukünftiges Leben als Erwachsene in den schönsten Farben aus. Schon damals war mir klar, dass ich mein Leben in zukünftigen Jahren völlig anders verbringen möchte als die Rahmenbedingungen meiner Herkunftsfamilie es dem Anschein nach erlauben würden. Schon damals nutzte ich unbewusst die Macht der Imagination und der Visualisierung, die besonders bei den Fische-Menschen sehr stark ausgeprägt ist.

Meine Welt veränderte sich ganz unerwartet, als ich in die Schule kam, denn ich stellte erstaunt fest: Schule machte mir große Freude! Das Lernen fiel mir leicht, gute Noten waren meist eine Selbstverständlichkeit, und ich hatte einen guten Draht zu den Lehrern und meinen Mitschülern. Eine wunderbare Welt zeigte sich am Vormittag jeden Wochentages, doch wenn ich nach Hause kam, holte mich die Wirklichkeit wieder ein: Mutter und Vater, die mir unmissverständlich klar machten, dass es nicht die Liebe war, die sie noch zusammenhielt und ein Bruder, der mich die täglichen Begegnungen mit ihm fürchten lehrte....

Aus heutiger Sicht waren diese Lebensumstände für mich der unbewusste Anlass, weshalb ich mich, selbst noch ein halbes Kind, in eine kurze Ehe flüchtete, die von vornherein zum Scheitern verurteilt war. Nach fünf Jahren stand ich vor der traurigen Wahl, meinem kleinen Sohn zuliebe in einer ausweglosen Beziehung mit erniedrigenden Perspektiven auszuharren und irgendwann daran zugrunde zu gehen oder mein Leben, mit meinem vierjährigen Kind und einer existenziell bedrohlichen finanziellen Grundlage, selbst in die Hand zu nehmen. Das Wort „Scheidung" hatte in den 80er Jahren in einer dörflichen Gegend noch einen ähnlichen Stellenwert, wie „Aussätzigkeit"; damals wurde noch mit dem Finger auf diesen „Typ Frau" gedeutet, der man natürlich immer bequem und ungefragt die gesamte Schuld zuschieben konnte. Ich fand trotzdem den Mut, mich zu trennen, denn ich wollte sowohl meinen Sohn, als auch mich selbst, vor größerem Schaden bewahren, und so hart die ersten Jahre meiner Eigenständigkeit auch waren, bald war ich unsagbar erleichtert und froh, diese Entscheidung getroffen zu haben!

Durch meine Berufstätigkeit konnte ich unseren Lebensunterhalt selbst verdienen und ich holte sogar eine berufsbegleitende Ausbildung nach; ich war endlich eine glückliche junge Frau geworden und lernte meine Freiheit und Selbstverantwortlichkeit zu schätzen. Mein monatliches Budget schränkte uns beide die ersten Jahre finanziell zwar stark ein, doch im Nachhinein betrachtet, bin ich sehr dankbar für diese Zeit in meinem Leben, in der ich sehr viel lernen durfte, unter anderem auch, dass ich keine materiellen Reichtümer brauche, um ein zufriedenes und glückliches Leben führen zu können, denn es gibt viel wichtigere Werte in meinem Leben!

Nach harten Jahren des Kämpfens und gesammelter Lebenserfahrung durfte ich schließlich meinen „Seelenpartner“ finden, mit dem ich seit fast 3 Jahrzehnten eine glückliche Beziehung führe und mittlerweile seit 18 Jahren verheiratet bin. Deshalb wünsche ich allen, die in einer unglücklichen Partnerschaft leben, den Mut und die Kraft aufzubringen, um die Dinge zu verändern, die seelisch erdrückend und untragbar geworden sind und sich nicht der Angst, der Mutlosigkeit, der Trägheit oder der Gewohnheit zu ergeben. Sonst müssen wir irgendwann feststellen, einen großen Teil unseres Lebens unwiderruflich vergeudet zu haben, eine Erkenntnis, die viele Menschen noch auf ihrem Sterbebett belastet!

Beruf und Berufung

Motiviert durch die guten Berufserfahrungen aufgrund meiner technischen Ausbildung absolvierte ich ein paar Jahre später zusätzlich ein Betriebswirtschaftsstudium an der Fernakademie

Hamburg, das ich sehr gut abschließen konnte. Ich kann deshalb allen „Spätberufenen" nur empfehlen, versäumte Ausbildungen auf dem „zweiten Bildungsweg" nachzuholen, denn es ist nie zu spät für Dinge, die einem wirklich wichtig sind!

Das Spektrum meiner damaligen beruflichen Tätigkeiten beinhaltete die Koordination von internationalen Projekten, später den strategischen Einkauf und nach weiteren Jahren die Leitung der gesamten Einkaufsabteilung in einem mittelständischen Unternehmen mit circa 200 Mitarbeitern. Ich habe mich während meiner Berufsjahre in der Elektronikbranche immer wohl gefühlt und die zahlreichen Kontakte mit Kollegen, Kunden und Lieferanten stets sehr geschätzt. Schon damals arbeitete ich sehr gerne mit Menschen!

Im Jahr 2001 öffnete sich eine Tür von deren Existenz ich bis dahin nicht einmal etwas geahnt hatte; eine vollkommen neue Erfahrung, die nichts mit Zahlen, Fakten und Materialwerten meiner bisherigen Technikwelt zu tun hatte, kam auf mich zu: ich bekam ein Schnupperwochenende in die Welt der Astrologie angeboten. Dieses Thema hatte mich zwar schon immer irgendwie interessiert, ich hatte es allerdings in die Schublade „Nette Unterhaltung, interessanter Zeitvertreib und vielleicht doch nur Humbug?" gesteckt. Was hatte ich zu verlieren? Ein freies Wochenende und die Seminargebühren plus Übernachtungskosten, so dachte ich mir und bestimmt wäre ich dann um eine Erfahrung reicher. Was dabei heraus kam unterm Strich? Ein unvergessliches Wochenende mit einem winzigen punktuellen

Einblick in das astro*logische* Universum, von dem ich noch unendlich viel mehr wissen wollte.

Ich startete noch im selben Jahr mein „Selbststudium Astrologie" und nach der Basisausbildung schlossen sich nahtlos viele weitere Seminare und Zusatzqualifikationen an, die ich alle mit Begeisterung absolvierte. Mir wurde immer klarer, dass ich den Drang nach Veränderung in mir spürte. Ich reduzierte erst die Wochenstunden meiner Festanstellung und ein Jahr später kündigte ich schließlich meinen Job; es gab viele Menschen, die mich damals für komplett verrückt erklärten, schließlich hatte ich beachtliche Sozialleistungen und Pensionsansprüche in den dreiundzwanzig Jahren Anstellung aufgebaut.

Ich eröffnete meine „Praxis für astro*logische* Beratung" zum 1. Juli 2006, passend zum Beginn meiner neuen, sieben Jahre andauernden Wassermann-Phase, gemäß dem Motto dieses Zeichens: Freiheit und Unabhängigkeit. Diese Entscheidung habe ich glücklicherweise nie bereuen müssen, ganz im Gegenteil: denn mein Beruf wurde zu meiner Berufung!

Im Lauf der weiteren Jahre erweiterte ich mein Wissen durch eine Ausbildungsreihe in Psycho-Physiognomik, die auch „Antlitzdiagnostik" nach Carl Huter genannt wird. Diese Lehre veranschaulicht nicht nur Gesundheitsthemen, die im Gesicht eines Menschen konkret ablesbar sind, sondern auch die seelischen und geistigen Ausprägungen der gesamten Persönlichkeit des Menschen, die wir im Gesicht wiederfinden können, frei nach dem berühmten Ausspruch Huter's: in den Formen wohnt der Geist!

Ich betrachte die Antlitzdiagnostik als ein überaus hilfreiches Werkzeug meiner „Gesamtausrüstung an Ausbildungen", um mit meinen Klienten in der Praxis zu arbeiten. In den Jahren 2009 bis 2012 absolvierte ich noch weitere Coach-Ausbildungen und besuchte diverse ganzheitlich orientierte Workshops, die viele verschiedene Namen trugen, sich aber alle auf energetische Heilweisen fokussierten.

Im Rahmen meiner Praxisarbeit entwickelte ich im Lauf der Jahre mein persönliches und einzigartiges Gesamtkonzept: die Kombination von ganzheitlichem Coaching, astro*logischer* Beratung und Heilenergetik.

Die Tätigkeit in meiner Praxis verschafft mir große innere Zufriedenheit, und ich bin sehr dankbar auf diese wertvolle und sinnerfüllte Art und Weise mit rat- und hilfesuchenden Menschen arbeiten zu dürfen!

Hinweis an die Leserinnen und Leser: Eigenverantwortung

Alle Seiten dieses Buches wurden nach meinem besten Wissen und Gewissen niedergeschrieben und der gesamte Inhalt entspricht meiner ehrlichen und wahren Überzeugung. Ich bitte aber alle Leserinnen und Leser meines Buches eindringlich darum, meinen hier dokumentierten Erfahrungen und Erkenntnissen nicht einfach blinden Glauben zu schenken, sondern möchte dringend auf unsere Eigenverantwortung hinweisen, die jeder von uns für sich selbst tragen muss. Deshalb sollte jede/r Leser/in unbedingt das von mir Niedergeschriebene selbst prüfen, die gelesenen Dinge für sich hinterfragen und seine eigene Empfindung dazu sprechen lassen. Dasselbe gilt für alle von mir empfohlenen Bücher von Autoren, die im Anhang gelistet sind. Auch hier gilt es mit einem wachsamen Auge den Inhalt kritisch zu betrachten und die Spreu vom Weizen zu trennen. Nach meiner persönlichen Überzeugung kann unsere Empfindung (die nach meiner Vorstellung einem „serienmäßig eingebauten menschlichen Navigationsgerät" entspricht) uns ganz genau sagen, was richtig oder falsch für uns ist oder welche Erkenntnisse für uns sinnvoll und förderlich sind. Wenn wir unsere Empfindungsfähigkeit zu Rate ziehen, kann diese uns nicht nur sicher durch alle „Buchwelten", sondern sogar durch unser ganzes Leben führen!

KAPITEL ASTROLOGIE

Ein astro*logischer* Hinweis

Ich möchte die Leser meines Buches darauf hinweisen, dass sich das Wort „astro*logisch*" aus meiner Sichtweise aus den beiden Wortteilen „astro" (Kurzform für Astrologie) und „logisch" zusammensetzt; um dies für das lesende Auge besser sichtbar zu machen habe ich die kursive Schriftart für den „logischen" Wortanteil verwendet. Astrologie ist eine altertümliche Wissenschaft und beinhaltet einen Großteil an mathematischen und logischen Zusammenhängen, deshalb ist es mir wichtig diese Verbindung hervorgehoben darzustellen. Meine persönliche Schriftweise dieser Wortverbindung soll ein besseres Verständnis für die Nachvollziehbarkeit von astro*logischen* Feststellungen in Verbindung mit einer ganzheitlichen Weltanschauung ermöglichen.

Faszination Astrologie
Uraltes, wertvolles Wissen
oder nur Unterhaltung?

Alle großen Ereignisse der Menschheitsgeschichte wurden seit ewigen Zeiten von befähigten Astrologen mit auffallenden Erscheinungen am Himmel in Verbindung gebracht. Die Gestirne, die am Nachthimmel sichtbar ihre Bahnen ziehen sind sichtbarer Ausdruck der Bildersprache des Kosmos. Schon die drei Weisen aus dem Morgenland waren „Sternkundige" und konnten den neugeborenen Knaben Jesus aufgrund ihrer Kenntnisse über die Konstellationen der Planeten ausfindig machen. Seit der Antike wurde das tiefgründige Wissen über astro*logische* Zusammenhänge sogar als die „königliche Kunst" betitelt.

Die meisten Menschen kennen das wertvolle Werkzeug Astrologie in heutiger Zeit leider nur noch als Charakterisierung der zwölf Sternzeichen aus der Zeitung, was leider unausweichlich zum berühmten Schubladendenken führen muss.

Folgende Kommentare (die ich persönlich gehört habe) sollen als abschreckende Beispiele dienen und die teilweise dramatischen und völlig übertriebenen Sichtweisen von Menschen veranschaulichen, die sich ausschließlich mit der hoffnungslos oberflächlichen „Kommerz-Astrologie" beschäftigen, so wie sie in einschlägigen Tageszeitungen oder Boulevard-Magazinen dargestellt wird.

„Er ist also ein Krebs? Aha, dann ist er bestimmt ein Weichei und eine richtige Memme! Ein Widdermann? Igitt, total impulsiv, pass bloß auf! Denk an das Türsteherprinzip: erst hau ich Dir eine rein, dann denk ich vielleicht irgendwann später mal drüber nach! Eine Steinbock-Frau? Oje, die ist sicher ein Saturntyp! Deshalb hat sie ständig Geldprobleme und ist so veranlagt wie das Werbe-Motto einer bekannten Ladenkette: Geiz ist geil! Oder gar ein Skorpion? Hilfe, rette sich wer kann, Skorpione sind doch allesamt Psychopathen!"

Diese Liste könnte man mit allen Tierkreiszeichen (Nebenbei bemerkt: Sternzeichen sagt nur der Volksmund, in Wirklichkeit gibt es nur Sternbilder und Tierkreiszeichen und beides sind zwei vollkommen verschiedene Dinge!) so fortführen. Ich finde es immer grauenvoll, wenn ich solch unüberlegten Aussagen höre, die alle Menschen dieser Welt in die berühmten 12 Schubläden der Sternzeichen steck und damit die wahre und werthaltige Astrologie in ein imr ıs schlechtes Licht rücken. Diese leider sehr weit verbreit Darstellung von Astrologie ist nichts weiter als Zeitvert ȷ und Unterhaltung, spitzfindig betrachtet könnte man c sogar als „Volksverdummung“ bezeichnen. Apropos Unterh ung: haben Sie sich schon einmal die Frage nach der Bedeutur lieses Wortes gestellt? Unterhaltung beinhaltet die Wörter ınten“ und „halten“, die Intention kann also sein, jemanden ichtlich „unten zu halten!“ Ist das nicht eine interessante Pe ɔektive? ;-)

Wenn wir schon be Thema Unterhaltung sind: haben Sie gewusst, dass Fernsehe die Hauptfeierabendtätigkeit (komisch - eigentlich sind wir in eser Zeit ja un-tätig) von Millionen von Menschen rund um d Welt geworden ist? Laut dem international bekannten Bes ller-Autor Eckhart Tolle hat der Durchschnittsamerikaner venn er sechzig geworden ist, etwa 15 Jahre vor dem Fer eher verbracht, in vielen anderen Ländern sind die Zahlen rgleichbar. Wenn wir uns vorstellen, dass jemand von eine anderen Stern zu Besuch auf die Erde käme, dann würde ihr estimmt eines in Erstaunen versetzten: dass Millionen Mens en es genießen und sogar dafür bezahlen, um zuzuschauen, wie Menschen einander töten und sich gegenseitig Leid zufügen und dass wir dies dann auch noch „Unterhaltung“ nennen! Geht es nicht seit Jahrtausenden um das altbekannte Prinzip: „Brot und Spiele für das Volk“, das absichtlich „unten gehalten“ werden soll? Wozu das so sein sollte? Ganz einfach: Menschen, die denken, kann man schlecht lenken!

Unter dieser Perspektive bekommen auch geschickte Werbesprüche von bekannten Fernsehsendern eine fragwürdige Bedeutung. In den Sende-Programmen werden uns permanent Botschaften übermittelt, wie zum Beispiel: „We love to entertain you.“ Vielleicht sollten wir darüber ernsthaft nachdenken? Denn, wer sich nicht dauerhaft „entertainen“ oder unterhalten lässt, der denkt vielleicht sogar noch selbst und kann deshalb weniger manipuliert oder gar fremdgesteuert werden; was in unserer materialistisch geprägten Zeit weder von cleveren Werbemanagern, noch von den Machthungrigen dieser Welt erwünscht sein kann!

Mein Mann und ich haben eine Testphase von zwei komplett „fernsehfreien Jahren“ erfolgreich und entspannt hinter uns gebracht und diese Zeit war für uns beide eine absolute Bereicherung, eine Steigerung unserer persönlichen Frei-Zeit, die wir nicht nur mit guten Gesprächen und sinnvollen Büchern gefüllt haben. Ich möchte diese Erfahrung nicht missen und würde jedem anderen Menschen empfehlen, es einmal selbst auszuprobieren; Sie werden feststellen, dass Ihre Lebensqualität nicht darunter leidet, sondern sogar deutlich ansteigt!

Leider geht es beim exzessiven Fernsehkonsum nicht nur darum, dass unsere wertvolle Lebenszeit vergeudet und der zum Verbraucher abgestempelte Mensch geschickt mit Werbung aller Art manipuliert wird. Sehr viel mehr erschreckt mich die Tatsache, dass furchtbar schlechte Energieformen auf diese Weise um den ganzen Erdball geschickt werden, die unsere feinstoffliche Umwelt energetisch verseuchen, was zwar für unsere irdischen Augen nicht sichtbar ist, aber uns permanent negativ beeinflussen kann. Ausführlichere Erklärungen zu dieser Ansicht werde ich im Kapitel „Energetische Einflüsse, Wahrnehmung und Intuition“ noch genauer erläutern...

Doch jetzt wieder zurück zum Thema Astrologie: von dem Zeitpunkt an als ich den unschätzbaren Wert echten astro*logischen* Wissens erkannt habe, lag es mir am Herzen, diese unglaublich kostbare Wissenschaft in ein besseres Licht unserer modernen Zeit zu rücken. Die Möglichkeit dazu wurde mir bald gegeben, denn ungefähr zur selben Zeit, als ich im Jahr 2006 meine „Astro*logische* Beratungspraxis“ offiziell eröffnet habe, fragte mich der Redakteur unserer lokalen „Chamer Zeitung/ Straubinger Tagblatt“, ob ich Lust hätte, für eine gewünschte Astro-Rubrik die erforderlichen Fachartikel zu schreiben.

Ich sagte sehr gerne zu und schreibe seitdem in unregelmäßigen Abständen immer wieder Beiträge für diese Zeitung, die zu aktuellen Ereignissen die astro*logischen* Hintergründe beleuchten. Mit einem dieser veröffentlichten Artikel hoffe ich, den Lesern ohne Fachkenntnisse den Einstieg in die uralte

Wissenschaft der astro*logischen* Denkweise zu erleichtern, was ich am Beispiel der Zeichen „Skorpion“ und „Wassermann“ verdeutlichen möchte! ;-)

Veröffentlichter Artikel in der Chamer Zeitung/Straubinger Tagblatt: Astro*logisches* von Hund und Katz’

Der grundlegende Unterschied zwischen den beiden Tierkreiszeichen Skorpion und Wassermann lässt sich sehr anschaulich am Beispiel von Hund und Katze erklären. Während der Hund das Zeichen Skorpion repräsentiert, wird astro*logisch* die Katze als ein Wassermann-Tier gesehen; dies trifft generell auf die ganze Gattung zu und wird unabhängig vom Geburtsdatum der einzelnen Tiere betrachtet. Der Hund als der beste Freund des Menschen bindet sich treu und intensiv an sein Frauchen oder Herrchen, ist am liebsten ständig in dessen Nähe und versucht „seinem Menschen“ so gut wie möglich zu gefallen. Er will am liebsten ALLES für ihn tun, natürlich unter der Grundvorrausetzung, dass er ordentlich behandelt wird, sprich die „skorpionische Bindungsintensität“ seiner Anlage getreu aufgebaut worden ist. „Der Hund bleibt Dir im Sturme treu, der Mensch nicht mal im Winde“, lautet ein altes Sprichwort; noch treffender wäre allerdings: die Katz’ nicht mal im Winde! „Hunde haben Herrchen oder Frauchen, Katzen haben Personal!“, so trifft ein anderes Sprichwort den Nagel auf den Kopf. Ich weiß, wovon ich spreche, da wir BEIDE Exemplare zuhause haben, einen 7jährigen Dobermann-Rüden und einen 5jährigen Tiger-Kater, der natürlich der Chef im Hause ist und den Hund dementsprechend herum kommandiert.

Während also ein Hund in skorpionischer Art seinen Menschen zu gefallen sucht, diese sogar im Notfall unter Einsatz seines Lebens verteidigt und sich für sein Familien-Rudel jederzeit aufopfern würde, sieht die Katze aus der Ferne diesem Geschehen ziemlich unbeteiligt zu. Wohl weiß sie, wie man Frauchen oder Herrchen umschmeichelt und umgarnt, agiert jedoch hauptsächlich zum eigenen Vorteil, um also entweder Futter von uns Versorgern zu bekommen oder sich auf dem bequemsten Fleckchen oder Schoß so lange zusammen zu kuscheln und streicheln zu lassen, wie es der Katze eben gerade passt. „Ich tu sowieso nur das, was mir gefällt", lautet das Wassermann-Motto unabhängig von jeder anderen Ansicht oder Meinung. Deshalb ist die freiheitsliebende Katze im Prinzip ein Einzelgänger und Freigänger, die am liebsten kommt und geht, wann es ihr gerade in den Kram passt ohne Rücksicht auf ihre Familienmitglieder oder andere Artgenossen. Hunden kann man Kunststücke in beliebiger Zahl beibringen; begierig nehmen Hunde Anweisungen entgegen und führen diese unmittelbar aus. Hunde machen sich jederzeit ohne Hemmungen für ihren geliebten Menschen komplett zum Idioten.

Katzen dagegen haben höchstens ein mildes Lächeln für die Dressurversuche ihrer menschlichen „Dosenöffner" übrig, und wir können froh sein, dass uns kein Katzen-Stinkefinger gezeigt wird, wenn Madame oder Monsieur gerade ungnädig ist oder schlechte Laune hat. Der gut erzogene Skorpion-Hund folgt dem Befehl und der Stimme seines Herrn ohne wenn und aber; natürlich kommt die Wassermann-Katze bei Ruf ihres Namens auch angelaufen, allerdings nur dann, wenn diese gerade hungrig ist oder sonstige Erwartungshaltungen hegt. Falls nicht, dann stolziert der Stubentiger schon mal mit hochgestelltem Schwanz und starr fixiertem Blick direkt an mir vorbei, was demonstrativ heißen soll: „ich gebe gerade keine Audienz, Du kannst ja vielleicht später noch mal Dein Glück versuchen". Futter ist auch so ein Thema: während der Hund ziemlich alles frisst, was der Napf oder die Mülltonne hergibt, um das Überleben zu sichern, ist für die Katze nur das Beste gerade gut genug. Eine Katze dreht sich angewidert um und zieht beleidigt von dannen, wenn der persönliche Geschmack nicht getroffen worden ist; dies ist unabhängig von der Anzahl der bereits geöffneten Dosen.

Angesichts dieser Vergleiche könnte man meinen, dass Katzen nicht unbedingt zu den beliebtesten Haustieren gehören, da sie die größten Opportunisten auf weiter Flur sind. Aber ganz ehrlich: wessen Herz schmilzt nicht dahin wie Butter in der Sonne, wenn sich die Samtpfote schnurrend und miauend um unsere Beine wickelt und sofortige, uneingeschränkte Aufmerksamkeit verlangt? Wenn riesengroße Katzenaugen uns hypnotisieren und Schnurrhaare sich schmeichelnd an allen verfügbaren menschlichen Körperteilen reiben und damit zum Ausdruck bringen: „ich liebe Dich doch auch, mein Mensch – allerdings auf MEINE Art – wassermännisch und unverbindlich"! Artikel Ende

Ich hoffe sehr, diese kleine Geschichte konnte Ihnen, werte/r Leser/in, in humorvoller Art und Weise aufzeigen, dass es gewisse Unterschiede zwischen den verschiedenen Tierkreiszeichen gibt!

Vielleicht gelingt es mir damit, eine Brücke zur echten Astrologie zu schlagen: da ein Mensch sehr viele Facetten von verschiedenen energetischen Verbindungen in sich trägt, die seine individuelle Persönlichkeit ausmachen, darf eine fachkundige astro*logische* Beratung nicht nur das Sonnenzeichen betrachten, sondern muss eine unvergleichbar umfangreichere und aussagekräftigere Perspektive mit einbeziehen. Eine solch tiefgreifende Analyse nimmt sehr viel Zeit in Anspruch, erfordert menschliches Einfühlungsvermögen, Kombinationsgeschick und Erfahrung; nicht umsonst wird die wahre Astrologie schon seit der Antike auch als die „königliche Kunst" betitelt! Auch in unserem Zeitalter der Computerhoroskope, die nur aus einer Aneinanderreihung von vorgefertigten Textbausteinen bestehen, bedarf es immer noch der ausgeprägten menschlichen Fähigkeiten eines erfahrenen Astrologen, um ein Horoskop wirklich werthaltig zu deuten und in seiner Gesamtheit erfassen zu können.

Wer sich sein persönliches Geburtshoroskop gerne deuten lassen möchte, sollte seinen Fokus besser auf Qualität legen, um sich eine negative Erfahrung zu ersparen, denn ein Computerhoroskop, das im Internet oft sehr günstig angeboten wird, kann das persönliche Gespräch während einer astro*logischen* Beratung niemals ersetzen!

Es gibt ein sehr großes Spektrum an weiterführenden ast*rologischen* Verfahren und Betrachtungsweisen; auf ein paar davon möchte ich in diesem Kapitel noch ausführlicher eingehen, die meisten (Ausnahme Stundenastrologie) basieren auf der Auswertung des Geburtshoroskops, das auf Basis der exakten Geburtsdaten eines Menschen berechnet wird. Die vollständigen Geburtsdaten bestehen aus dem Geburtsdatum, dem Geburtsort und der genauen Geburtszeit. Diese Daten sind im Normalfall bei allen Standesämtern, zurück bis in das 18. Jahrhundert, hinterlegt und können dort bei den Standesbeamten erfragt werden. Viele Gemeinden nehmen heutzutage leider Geld dafür, um den Menschen die dort hinterlegte, persönliche Geburtszeit zu nennen. Ich persönlich finde das nicht in Ordnung, aber das fällt leider unter die Gepflogenheiten unserer materiell orientierten Zeit.

Angst vor Voraussagen: Beeinflussen uns die Gestirne?

Aus der astr*ologischen* Perspektive gibt es kein „gut" oder „schlecht!" Die Gestirne, die sich in ihren Umlaufbahnen durchs Weltall bewegen und den ehernen Gesetzmäßigkeiten folgen, sind vergleichbar mit den Zeitanzeigern einer riesengroßen, kosmischen Uhr. „Wie oben, so unten" oder „wie im Makrokosmos, so im Mikrokosmos", lauten die Erkenntnisse aller Menschheitslehrer und Philosophen. Die Kraft der Strahlungen von Gestirnen ist zwar unvorstellbar machtvoll, aber an sich nicht bestimmend oder beeinflussend für uns; sie können uns nichts aufzwingen, was nicht zu uns gehört! Nur wenn wir „gleichgeartete“ Schwingungsfrequenzen in uns tragen, die diesen Strahlungen genau entsprechen, dann kann zu bestimmter Zeit eine deutlich spürbare Verbindung erfolgen. Es sind demzufolge stets wir Menschen selbst, die diese energetischen Kräfte in bestimmte Formen lenken und damit Gutes oder Schlechtes bewirken, dessen Folgen wir allerdings unvermeidlich tragen müssen und die wir dann in der Wechselwirkung zum Teil gewaltig verstärkt wieder präsentiert bekommen. Diese Rückwirkungen entsprechen in jedem Fall dem gegenwärtigen Reifezustand eines Menschen und sorgen dadurch für einen gerechten Ausgleich als unveränderliche Gesetzmäßigkeit des Lebens.

Zu meiner Verwunderung werde ich von astro*logisch* interessierten Menschen immer wieder darauf angesprochen, dass Ihnen der Mut zu einer Terminvereinbarung fehlt, weil sie Angst vor einer negativen Voraussage hätten! Ich muss dann immer schmunzeln und versuche zu erklären, dass eine solche Angst völlig unbegründet ist. Ein wichtiger Grundsatz für meine Arbeit lautet: eine astro*logische* Beratung soll stets hilfreich und positiv für den Klienten sein! Da ein Mensch ja in den meisten Fällen ein ihn persönlich belastendes Thema mitbringt, geht es in der Beratung darum, den Ursachen und Hintergründen auf die Spur zu kommen. Es sollen Fragen geklärt werden können, wie zum Beispiel: „Weshalb passiert mir das?“ oder „Was ist meine Lernaufgabe dabei?“ oder „Wie kann ich zukünftig dieses Thema positiv verändern?“

Es liegt mir am Herzen, meinen Klienten eine übergeordnete Sichtweise der Dinge, basierend auf den Gesetzmäßigkeiten des Lebens, näher zu bringen, die vor allem die Übernahme von Eigenverantwortung bedingt; dadurch gibt es dann irgendwann keinen Zufall, kein Fremdverschulden und keine überflüssigen Schuldzuweisungen mehr, da das äußere Umfeld immer nur einen Spiegel für das aktuelle Lernthema darstellt. Die Erkenntnis über die Zusammenhänge von persönlicher Saat und Ernte, die Veranschaulichung von Ursache und Wirkung, kann oft sehr hilfreich sein und wahre Wunder bewirken, was ungemein unterstützend und wegweisend für unsere persönliche Entwicklung sein kann.

Astro*logisches* Spektrum: Möglichkeiten und Grenzen

In der astro*logischen* Beratung gibt es gibt viele weitreichende Möglichkeiten, aber auch feste Grenzen. Es ist eine wichtige Voraussetzung für eine Beratung, schon im Vorfeld gewissenhaft abzuklären, was für den Fragenden am meisten Sinn macht: oft müssen die Hintergründe von mir behutsam abgefragt werden, um die essentiell wichtigen Bedürfnisse des Klienten herauszufinden und seine Fragen so zu formulieren, dass werthaltige Antworten möglich werden!

Ganz wichtig ist es auch, bestimmte ethische Grundvoraussetzungen zu berücksichtigen, denn niemand darf sich ungefragt oder aus reiner Neugierde in das Leben anderer Menschen einmischen, sei es auch ein guter Freund oder ein enger Familienangehöriger. Hat zum Beispiel ein Elternteil eine Frage zum Leben des Sohnes oder der Tochter im Erwachsenenalter, so muss als Grundvoraussetzung das Einverständnis der oder des Betroffenen eingeholt werden; Ausnahmen von dieser Regel bedürfen einer besonderen Abklärung.

Einem Ratsuchenden darf eine anstehende Entscheidung keinesfalls abgenommen werden, sondern er soll behutsam auf die möglichen Lösungen für eine Konfliktsituation hingeführt werden. Eine erklärende Hilfestellung kann für einen Klienten sehr wichtig sein: was spricht in seinem eigenen Horoskop grundsätzlich für oder gegen eine geplante Entscheidung und die damit verbundenen Veränderungen? Letztendlich sollte es das Ziel einer erfolgreichen Beratung sein, einem nach Orientierung suchenden Menschen neue Perspektiven und Möglichkeiten aufzuzeigen, die allerdings auch wichtige Konsequenzen beinhalten, deren Akzeptanz unmissverständlich in unsere Eigenverantwortlichkeit führt.

Die meisten Ratsuchenden bringen eine akute Thematik mit, in vielen Fällen ein Problem, für das dringend eine Lösung gesucht wird. Nicht alle persönlichen Konflikte und belastenden Themen können sofort und unmittelbar aufgelöst werden; oft genügt jedoch das „Initialgespräch", um den berühmten Stein ins Rollen zu bringen. Die Offenheit eines Klienten mit der Bereitschaft, die nötigen Dinge zu verändern und die dafür erforderlichen

Schritte zu tun, bestimmt die Effektivität der Beratung maßgeblich, denn der echte Wille zur Veränderung ist meist ein guter Weg zum dauerhaften Erfolg. Die Beziehung zwischen Astrologe und Klient ist genauso persönlich wie zwischen Arzt und Patient; deshalb ist absolute Vertraulichkeit eine unbedingte Grundvoraussetzung!

Ein grundlegendes Tabuthema sind Fragen nach der Lebenszeit beziehungsweise dem Todeszeitpunkt; solche Dinge sollten niemals Gegenstand einer Fragestellung sein. Ein seriöser Astrologe wird solche Fragen stets zurückweisen! Es geht bei einer astro*logischen* Beratung auch nicht darum das Können des Astrologen in Form von Zukunftsvoraussagen zu „beweisen", sondern vielmehr im Beratungsgespräch einem hilfesuchenden Menschen durch Einfühlungsvermögen und psychologisch geschickte Gesprächsführung zu einem besseren Selbstverständnis zu verhelfen und gemeinsam bessere und begehbare Wege für die Zukunft zu finden.

Was ist denn eigentlich ein Geburtshoroskop?

Das Geburtshoroskop oder auch Kosmogramm eines Menschen, das auf Basis der exakten Geburtsdaten (Geburtsdatum, Geburtsort und genaue Geburtszeit), erstellt wird, beinhaltet unsere individuellen Fähigkeiten, Stärken, Talente und Potentiale, die JEDER von uns in diese Inkarnation mitbringt. Unser Geburtshoroskop, das auch Radix (Wurzel) genannt wird, zeigt an, wo uns die natürliche Veranlagung helfen kann, wo wir uns leicht tun und auf welchen Gebieten wir spielerisch und freudig vorwärts gehen können; andererseits spiegelt es natürlich auch unsere Schwächen und Lernaufgaben, die wir in diesem Leben zu bewältigen haben, unseren Spielraum an Entwicklungsmöglichkeiten und die unbewussten Zielsetzungen unserer Seele wider.

Die astro*logische* Deutung widmet sich zum Teil auch der karmischen Betrachtungsweise und geht davon aus, dass dieses Leben nur eine von vielen Stationen in unserem gesamten Dasein ist. Wie sonst ließe sich dieser „selbstgepackte“ Rucksack erklären, den jeder von uns wie eine Art Bilanz in dieses Leben mitbringt und der oft schwer mit Mühlsteinen beladen ist. In vielen Fällen erfordert es einen großen Kraftakt von uns, um diesen selbstaufgeladenen Ballast wieder los zu werden, um künftig „erleichtert“ und freudvoller unseren Lebensweg gehen zu können. In der astro*logischen* Beratung kann der Klient Lösungswege mit erfolgversprechenden Zukunftsperspektiven wiederfinden, die wertvolle Orientierungshilfen für uns sein können – sowohl in guten als auch in kritischen Lebenssituationen!

Neben den beiden bereits erwähnten Faktoren Geburtsdatum und Geburtsort ist das dritte wichtige Kriterium die möglichst exakte Geburtszeit, denn diese berechnet den Grad unseres Aszendenten, also den persönlichsten Punkt in unserem Horoskop. Der Aszendent ist der Wegweiser in das Bild unserer astro*logischen* Landkarte, die die Stellungen der laufenden Gestirne und deren Winkelbeziehungen zueinander zum exakten Zeitpunkt unserer Geburt darstellt. Dieses Gesamtbild beinhaltet die individuellen Veranlagungen eines Neugeborenen, die als Rüstzeug und Rucksack in dieses Leben mitgebracht werden. Alle unsere angelegten Fähigkeiten, Stärken, Potentiale, Charaktereigenschaften, Neigungen und Talente sind auf dieser Landkarte abgebildet, jedoch ebenso unsere „Schwachstellen" und Lernaufgaben, die jeder Mensch – unabhängig von Kultur, Religion oder Herkunft – im Sinne einer positiven Weiterentwicklung zu bewältigen hat!

Unser Geburtshoroskop kann uns zu vertieftem Selbstverständnis führen und uns dazu verhelfen, uns von alten Ego-Mustern, Schuldkomplexen, belastenden Verhaltensweisen oder destruktiven Lebensgewohnheiten zu lösen; wir können leichter Geduld und Verständnis für uns selbst und andere entwickeln oder Fähigkeiten und innere, unbewusste Kräfte freilegen, die im Hier und Jetzt gelebt werden wollen und zu unserer Weiterentwicklung beitragen.

Bei der Deutung unseres Geburtshoroskopes geht es zum großen Teil auch darum, unsere eigene Persönlichkeit und unser innerstes Wesen, das uns ausmacht, in Beziehung zu bringen mit den uralten und allumfassenden Gesetzen des Universums. Das „Gesetz der Schwere", das „Gesetz der Anziehung der Gleichart" und das „Gesetz der Wechselwirkung" wirken sich als die drei großen Schöpfungsgesetze für jeden Menschen in gleichem Masse aus; völlig unabhängig von dessen Herkunft, Geschlecht oder Alter, ganz egal, ob arm oder reich! Das Verständnis dieser unbeirrbaren „Naturgesetze" ermöglicht uns, den Sinn und die Hintergründe von prägenden Lebenserfahrungen deutlicher zu erkennen und weiterführend daraus Nutzen zu ziehen für unseren zukünftigen Lebensweg, was uns letztendlich zu einem immer stärker bewussten „Sein im Hier und Jetzt" führen kann!

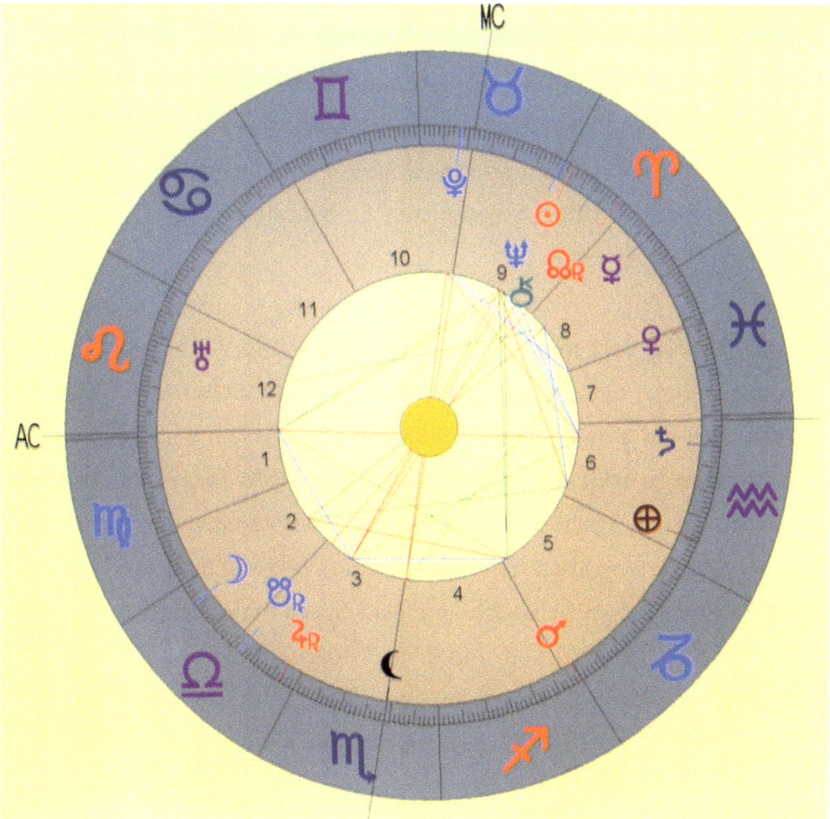

Individuelles Geburtshoroskop mit Planeten und Häusern (Berechnungsbasis: Geburtsdatum, exakte Geburtszeit und Geburtsort)

Fragen aus der astro*logischen* Praxis Oder: Die große Verantwortung in der Arbeit mit anderen Menschen

In der astrologischen Beratungs-Praxis stellen Klienten die unterschiedlichsten Fragen zu verschiedensten Lebensbereichen, die zu einer bestimmten Zeit wichtige Entscheidungen fordern und weitreichende Konsequenzen nach sich ziehen, wie zum Beispiel: Soll ich die neue Arbeitsstelle annehmen? Soll mein Kind die Schule wechseln? Ist diese Ausbildung für meine/n Tochter/Sohn geeignet? Sollen wir dieses Haus kaufen? Habe ich Erfolg durch berufliche Selbstständigkeit? Und viele andere Fragen mehr....

Es erfordert meines Erachtens eine große Verantwortungsbereitschaft des Astrologen oder ganzheitlichen Therapeuten, sich auf einen Klienten und seine persönlich wichtigen und intimsten Fragen einzulassen, um einem oft verzweifelt nach Orientierung suchenden Menschen gewissenhaft mit Rat und Tat zur Seite stehen zu können. Zum folgenschweren Thema Verantwortung möchte ich an dieser Stelle meine Betrachtungsweise zum Thema „Saat und Ernte" noch einmal erläutern, hier der genaue Wortlaut dazu aus der Bibel: „Was der Mensch säet, dass wird er ernten!" Es heißt nicht, das kann der Mensch vielleicht ernten oder soll es ernten, sondern er muss! In dieser unumstößlichen Tatsache können wir deutlich das „Gesetz der Wechselwirkung" erkennen. Deshalb erstaunt es mich immer wieder, wie leichtfertig manche „selbstberufenen Berater" konkrete Aussagen und Prognosen von sich geben, ohne sich anscheinend großartig darüber Gedanken zu machen, dass die Auswirkungen solcher Aussagen nicht nur in vollem Umfang, sondern in vielen Fällen sogar massiv verstärkt, wieder auf den Verursacher zurückfallen, besonders dann, wenn diese Aussagen nicht der Wahrheit entsprechen!

Ich möchte an dieser Stelle gerne eine Eigenerfahrung teilen: Ich habe selbst in meiner „Ausprobierphase" von angeblich wissenden Menschen oder selbsternannten Gurus Dinge „prophezeit" bekommen, die ich hier nicht detailliert wiedergeben möchte, aber die mir in der damaligen Lebenslage stark zu schaffen machten. Ich möchte an dieser Stelle nochmals betonen: ein wirklich verantwortungsvolles Beratungsgespräch beeinflusst den Klienten nicht und malt auf gar keinen Fall negative oder destruktive Zukunftsbilder! Das Ziel sollte sein, den Klienten dort abzuholen und zu stützen, wo er mit seinem persönlichen Wissen in einer bestimmten Situation nicht mehr weiter kommt, um ihm behutsam mögliche Wege aufzuzeigen, die sich bereits in seinem Inneren unbewusst angebahnt haben. Das erfordert viel Gespür, psychologisches Verständnis, tiefe Menschenkenntnis und vor allem das Wissen um die „Schöpfungsurgesetze". Die notwendigen Talente vertiefen sich im Lauf der Zeit mit den Erfahrungswerten eines praktizierenden Beraters oder Therapeuten. Ich finde es deshalb auch sehr wichtig, sich viel Zeit zu nehmen und sich selbst nicht unter Erfolgsdruck zu setzen, denn ein Mensch, der mit anderen Menschen arbeitet, „wächst" meiner Meinung nach gemeinsam mit seinen Klienten.

Ich möchte weiterhin verdeutlichen, dass die gesuchte Antwort auf eine wirklich wichtige Frage nicht zufällig vom „Himmel“ des Astrologen fällt, sondern dass diese sich bereits im Unterbewusstsein des Fragestellenden manifestiert hat, dass aber der Verstand (oder das Tagbewusstsein) sie in diesem Stadium noch nicht klar erfassen kann.

Im Klartext: Die astro*logische* Beratung durch einen verantwortungsbewussten Menschen, der fähig ist, die Bilder-Sprache der Gestirne zu lesen, verdeutlicht und übersetzt nicht nur die Sprache des Kosmos, sondern auch die unseres eigenen Unterbewusstseins; deshalb kommt die Antwort letztendlich aus uns selbst! Dies bestätigen die Aussagen vieler erleichterter Klienten: „Irgendwie habe ich schon gespürt, was die richtige Entscheidung wäre, aber ich war mir nicht sicher, ob es auch wirklich richtig ist!“

Die Ausübung der wahrhaft „königlichen Kunst“ ermöglicht einem ratsuchenden Menschen im Beratungsgespräch, zur eigenen Erkenntnis zu kommen!

Astro*logische* Transite: Erntezeiten Oder: Die Rückwirkungen im Leben zu vorgesehener Zeit!

Schon Meister Goethe sagte einst: „In dem Einen seid ihr frei“, was für mich den freien Willen des Menschen beschreibt und die Entscheidungsmöglichkeiten, die jeder von uns hat, „doch im Andern seid ihr Knechte!" und dies bedeutet letztendlich die Konsequenz der Folgen, die sich aus unserer Entscheidung ergibt.

Als Beispiel kann sich jeder von uns ein Fahrtziel aussuchen und in einen Zug einsteigen, sitzt er jedoch im Zug drin, kann er während der Fahrt im Normalfall nicht mehr aussteigen und muss sich somit mit den Reisebedingungen und mit allen mitwirkenden Umständen auseinandersetzen.

Im Geburtshoroskop eines jeden Menschen finden sich unsere harmonischen Veranlagungen, unsere positiven Fähigkeiten, unsere Stärken und vorhandenen Talente, die als angeboren gelten, wie zum Beispiel die Fähigkeit, andere begeistern zu können, empathisches Einfühlungsvermögen, soziale Kompetenzen, technische Begabungen, kreative und künstlerische Potentiale und vieles weitere mehr. Ebenso beinhaltet jedes Geburtshoroskop aber auch unsere disharmonischen oder spannungsreichen Anlagen, die auf unsere Lernaufgaben und Zielrichtungen zur persönlichen Weiterentwicklung hinweisen und die wir als wichtige Grundlage für alle Erfahrungen betrachten sollten, die wir im Lauf unseres Lebens machen müssen.

Zu astro*logisch* bestimmten und „berechenbaren" Zeiten, die in der Fachsprache Transite genannt werden und die bei jedem Menschen zeitlich sehr unterschiedlich ausfallen, „kontaktieren" die laufenden Gestirne die Planeten in unserem persönlichen Geburtsbild. Dieser „Kontakt" kommt dadurch zustande, dass zusätzlich zum unveränderlichen Bild des Geburtshoroskops die laufenden Gestirns-Konstellationen berechnet werden. Dadurch ergibt sich ein noch umfassenderes Gesamtbild

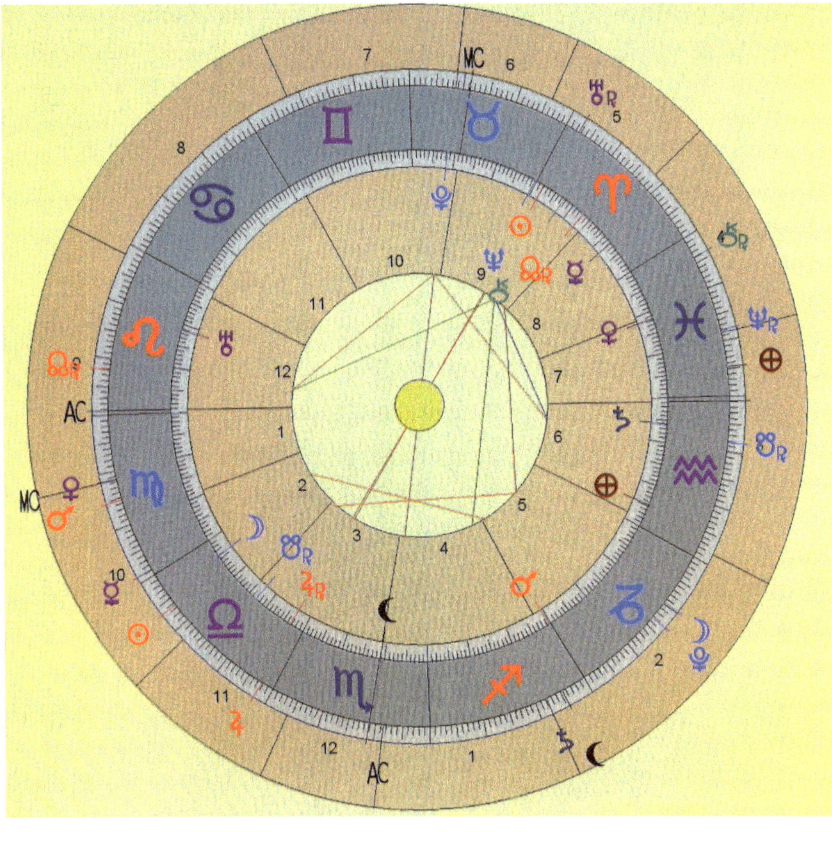

Transit-Horoskop: Geburtshoroskop mit Planeten und Häusern innen (statisch). Aktuelle Planeten-Konstellationen (veränderlich) im Außenkreis „kommunizieren“ mit den Anlagen des Geburtshoroskops und zeigen zeitliche „Auslösungen“ an, die wir als Erlebnisse in bestimmten Lebensbereichen wahrnehmen können!

mit einer entsprechenden Art von Kommunikation, die in der Bilder- und Symbolsprache der Planeten dargestellt wird. Sind diese Kontakte harmonisch oder förderlich, dann signalisiert dies die guten Zeiten in unserem Leben; es geschehen die oft unerwarteten Glücksfälle und alles läuft sozusagen „wie geschmiert". Wenn die Kontakte jedoch spannungsreich verlaufen, muss der Mensch sich meist mit erhöhtem Energieaufwand durchkämpfen, Verzögerungen und Hindernisse sind an der Tagesordnung, und es kann von mehreren Seiten wie geballt kommen. „Wenn's läuft, dann läuft's", besagt ein altes Sprichwort, nur meistens läuft es dann leider nicht in die gewünschte Richtung! ;-)

Spannungsreiche und herausfordernde Zeiten in unserem Leben oder auch Unfälle und bestimmte Krankheiten wollen uns in den meisten Fällen jedoch auf Lebensbereiche hinweisen, die nicht in ihrer natürlichen Ordnung sind.

Gerade in solchen kritischen Lebenssituationen kann es ganz besonders wichtig sein, unseren Blick auf Dinge in unserem Leben zu richten, die einer Veränderung bedürfen und die es dann auch konsequent umzusetzen gilt.

Der Mensch und sein freier Wille

Da wir Menschen – im Gegensatz zu Tieren - einen freien Willen besitzen, liegt es stets in unserer eigenen Macht, uns täglich im positiven oder aber im negativen Sinn zu betätigen; unser gesamtes Verhalten ist, vom Gedanken bis zur Tat, unsere eigene „persönliche Saat" und unterliegt zu hundert Prozent unserer eigenen Verantwortung! Ist diese Saat im überwiegenden Teil positiv, kommt der positive Anteil zu harmonischen Zeiten vielfach wieder auf uns zurück; besteht ein Anteil jedoch hauptsächlich aus negativen Gedanken, Worten und Taten, wird die „Ernte" eben in dieser Gleichart für uns ausfallen. So webt sich aus astro*logischer* Sicht der Mensch sein Schicksal selbst und kann deshalb letztendlich niemand anderen dafür verantwortlich machen!

Jedoch birgt jede negative Erfahrung, die wir machen müssen, auch eine Herausforderung zur Veränderung! Oft sind es die schwierigen Zeiten in unserem Leben, die einen wirklich bleibenden Eindruck bei uns hinterlassen und uns dauerhaft weiterbringen, denn was sich der Mensch hart erkämpfen muss, steigt meist in seiner persönlichen Wertschätzung und ist somit von Bestand. Es kommt also besonders in schwierigen Lebenssituationen immer auf unseren individuellen Blickwinkel an: eine Lebenskrise sollte gerade deshalb auch als große Chance angesehen werden. Wir sollten den Mut finden sie zu nutzen, um dadurch unsere Grundeinstellungen zu überdenken und negative oder destruktive Sichtweisen positiv verändern zu können!

Das Grundgesetz von Saat und Ernte, das man auch als das Gesetz der Wechselwirkung bezeichnen kann, gilt nicht nur für jeden Menschen, sondern für unser gesamtes Universum. Wir treten jetzt im Lauf des Geschehens der nächsten Jahre in Konstellationen ein, die noch nie dagewesen sind und deren Zeitzeuge die Menschheit zum ersten Mal wird. Das Jahr 2012 war ein wichtiges Initial-Jahr für einen notwendigen Übergang in Verbindung mit einer deutlichen energetischen Schwingungserhöhung unseres Planeten. Das bedeutet für uns Menschen konkret, dass unsere „negative Saat", in Form von Gedanken, Worten und Werken, als Rückwirkung viel schneller auf uns zurück kommt, als dies noch vor ein paar Jahrzehnten der Fall war. Dieses Phänomen kann jeder von uns feststellen, wenn er es nur wirklich merken will! Wir können also wesentlich schneller mit den Wechselwirkungen von Dingen konfrontiert werden, die wir selbst in die Welt gesetzt haben; dies zeigt uns ganz markant die deutliche Beschleunigung unserer schnelllebigen Zeit! Jeder von uns, der zukünftig einen höheren Anteil an „positiver Ernte" einbringen möchte, sollte sich also unsere persönliche Eigenverantwortung ins Gedächtnis rufen und seine Verhaltensweisen dementsprechend überdenken!

Der amerikanische Schriftsteller Dr. F. W. Sumner schreibt in seinem Buch „Das kommende Goldene Zeitalter" zu der vielfach vorhergesagten, bevorstehenden Frequenz- oder Schwingungserhöhung unserer Erde:

„Unsere Erde wird belebt durch ungeheuer gesteigerte geistige Strahlungen aus den Sternenregionen und als Folge davon wird sie allmählich eine große Umwandlung durchmachen. Es muss eine große Erneuerung auf Erden stattfinden; alles was geistig nicht hoch genug entwickelt ist, um empfänglich für diese höheren Schwingungen zu sein, um mit Ihnen zu harmonisieren, wird unterliegen und von der Bildfläche verschwinden, damit die aufbauenden Kräfte auf ihr wohltätiges Ziel losgehen können, ohne durch die Einmischung von zerstörenden Kräften noch weiter behindert zu werden. Dies wird zwangsläufig große weltanschauliche, politische, und machtstrukturelle Umwälzungen bewirken, die auf unserem Planeten wohl kaum ohne kriegerische und revolutionäre Geschehnisse ablaufen können.“ Zitat Ende

Wir können nur hoffen, dass die Menschheit bereit ist, ihre notwendigen Lektionen zu lernen und friedliche Wege zur Konfliktlösung finden wird!

Astro*logische* Vorausschau
Oder: Was nützt mir ein Jahreshoroskop?

Worin besteht der Unterschied zwischen einer astro*logischen* Prognose und den landläufig verbreiteten Methoden der Esoterikwelt, wie Kartenlegen, Handlesen oder anderen „Vorhersage-Techniken“, die von neugierigen oder verzweifelten Menschen vielfach in Anspruch genommen werden?

Ganz deutlich gesagt: die ganzheitliche astro*logische* Perspektive distanziert sich völlig von determinierten Zukunftsvoraussagen, die Menschen in vielen Fällen große Angst machen und ihre Entscheidungsfähigkeit massiv beeinflussen oder lähmen können!

Ich versuche es so zu erklären: das wertvolle, seit Jahrtausenden erprobte Werkzeug Astrologie lässt aussagekräftige Antworten auf unsere wichtigen Fragen zu; allerdings nur dann, wenn die Zeit (und der Mensch) dafür reif ist! Ich möchte an dieser Stelle nochmals auf den Absatz hinweisen: „Fragen aus der stundenastro*logischen* Praxis oder: Die große Verantwortung in der Arbeit mit anderen Menschen“, in der die Voraussetzungen und Grundsätze für eine verantwortungsbewusste Zusammenarbeit mit meinen Klienten geschildert sind.

Eine wirklich empfehlenswerte Möglichkeit einer Art „Vorausschau“ bietet das Jahreshoroskop, in der Fachsprache „Solarhoroskop“ oder auch „Sonnenjahr“ genannt. Ein Jahreshoroskop wird stets individuell berechnet und ausgewertet, es beginnt astro*logisch* nicht am 1. Januar eines neuen Jahres sondern startet immer am Geburtstag eines Menschen und hat eine Geltungsdauer bis zum nächsten Geburtstag. Dazu ein Beispiel: mein persönliches Jahreshoroskop beginnt am 22. Februar eines jeden Jahres und beinhaltet die Schwerpunkte und Zielrichtungen innerhalb der kommenden zwölf Monate. Es weist mich auf die betroffenen Lebensbereiche hin, die in diesem Jahr verstärkt meine Aufmerksamkeit fordern werden, was mir hilft, mich auf Wesentliches zu konzentrieren und mir erleichtert, bevorstehende Entscheidungen zielsicherer zu treffen!

Ganz allgemein erklärt, weist uns ein Jahreshoroskop auf wichtige persönliche Themen hin, die im Laufe dieses einen Jahres auf den Horoskop-Eigner zukommen, mit denen sich der

Mensch dann auseinanderzusetzen hat und veranschaulicht die Lerninhalte in den persönlich betroffenen Lebensbereichen. Fallbeispiel: ein guter Bekannter von mir hatte in seinem Solarjahr eine massive Betonung seines 9. Hauses im Geburtshoroskop; dieses Haus beinhaltet unter anderem auch Fernreisen oder spirituelle Bewusstseinserweiterung, doch in seinem Fall lag der Schwerpunkt im Bereich „Rituale und Zeremonien". Aufgrund einer unvorhergesehenen Schwangerschaft seiner Freundin, beschloss er ganz kurzfristig, Nägel mit Köpfen zu machen und seine Lebensgefährtin zu heiraten.

Im Beispiel meines Bekannten war es ein sehr freudiges Ereignis das im diesem Jahr einen deutlich sichtbaren und markanten Höhepunkt in seinem Jahreshoroskop (und in seinem Leben) darstellte, allerdings können auch viele herausfordernde Geschehnisse eine intensive Betrachtung von uns verlangen. Das Solarhoroskop, das uns stets den Sinn und die Hintergründe von unseren Lernthemen verdeutlichen will, kann eine große Hilfestellung für uns sein, um herausfordernde Aufgaben, die während der kommenden 12 Monate auf uns zu kommen, besser in unser Leben integrieren und bewältigen zu können!

Das astro*logische* Partnerbild
Oder: Wann finde ich meinen Traumpartner?

Die Frage: „Wann finde ich meinen Traumpartner?" ist wohl eine der berühmtesten Klischee-Fragen an einen Astrologen. Fragen dieser Art landen zu meiner großen Beruhigung nicht sehr oft bei mir, aber wenn doch ab und zu diese Frage an mich gestellt wird, versuche ich stets herauszufinden, was denn die Beweggründe sind und meist werde ich dann schnell fündig. Fast immer befindet sich der oder die Fragende gerade in einer Trennungssituation oder hat eine solche seit kurzem hinter sich gebracht. Ich erkläre dann, dass ich zwar prinzipiell die Zeiten für erfolgversprechende zukünftige „Kontaktmöglichkeiten" im Geburtshoroskop ausfindig machen kann, aber ich empfehle auch, dass erst einmal bei sich und den eigenen Themen hingeschaut werden sollte, um nicht die gleichen Probleme mit dem „Ex-Partner" auf den neuen Partner zu übertragen, was ich als eine Grundvoraussetzung für eine dauerhafte Beziehung betrachte! Das Leben versucht uns oft sehr einfallsreich beizubringen, dass wir unseren Traumpartner erst finden können, wenn wir bereit sind, auch selbst ein „Traumpartner" zu werden! ;-)

Ist allerdings das persönlich gute Wollen vorhanden, die eigenen Unzulänglichkeiten mit der objektiven astro*logischen* Brille zu betrachten und kontraproduktive Verhaltensweisen positiv verändern zu wollen, dann stelle ich immer wieder fest, dass Riesenschritte auf dem Weg zu einer erfüllenden Partnerschaft gemacht werden können. Unser astro*logisches* Partner-Suchbild, das wir in unserem Geburtshoroskop finden können, beschreibt auf faszinierende Art und Weise, welche Voraussetzungen und Charaktereigenschaften unser Lebenspartner mitbringen sollte, damit sich eine wirklich stabile, dauerhafte und auf gegenseitiger Wertschätzung basierende Lebensgemeinschaft entwickeln kann, die unter anderem auf einer Basis von Geben und Nehmen besteht.

Bestimmt kennen Sie das wunderschöne Sprichwort von Antoine de Saint-Exupèry: „Liebe besteht nicht darin, dass man einander anschaut, sondern dass man in dieselbe Richtung blickt!“ Meine Interpretation dazu ist folgende: wenn wir uns nur gegenseitig anschauen, dann entdecken wir früher oder später die Unzulänglichkeiten unseres Partners, was meistens Missverständnisse, Streit, Zerwürfnisse und den Wunsch, den Partner zu ändern mit sich bringt und als natürliche Folge die dementsprechend negativen Reaktionsweisen unseres Partners nach sich zieht. Das Geheimnis einer guten und dauerhaften Lebensgemeinschaft ist meiner Meinung nach eine Kombination aus liebevoller Betrachtungsweise, gegenseitigem Verständnis, Kompromissbereitschaft (ohne Selbstaufgabe), Vertrauen (sowohl zu unserem Partner, als auch zum Leben selbst) und überzeugter Glaube an einen höheren Sinn in unserem Leben!

Eine ähnlich geartete Weltanschauung beider Partner generiert in natürlicher Folge gemeinsame Lebens-Werte, wozu wir allerdings keine materiellen Werte zählen sollten, denn eine Basis aus solchen „Werten“ kann in heftigen Lebenskrisen schnell wieder wegfallen und dann ein partnerschaftliches Vakuum hinterlassen. Echte Lebens-Werte bestehen zum Großteil auf einer gemeinsamen spirituellen Weiterentwicklung zweier Menschen: indem wir den Sinn unseres Daseins besser verstehen, können wir die damit verbundenen gemeinsamen Lernaufgaben meistern!

Haben wir uns solche Grundlagen geschaffen, dann können wir in unseren Beziehungen den Trost und den echten Halt finden, den wir - ganz besonders in Stunden der Not - alle bitter nötig haben, um gemeinsam die Stürme des Lebens zu bewältigen!

Doch wieder zurück zu unserem astro*logischen* Partnerbild: denn es bietet nicht nur interessante Perspektiven und konkrete Aussagen zu unserem Lebenspartner, sondern auch generell zu allen unseren Beziehungen der verschiedensten Art, die zwei Menschen betreffen. Ein astro*logischer* Partner-Vergleich, in der Fachsprache auch Synastrie genannt, ist eine sinnvolle Methode, unser Verhältnis zu anderen Menschen eingehender zu betrachten; zum Beispiel zu den eigenen Kindern, zum Vater oder zur Mutter, zu einem Freund oder guten Freundin, zu Arbeitskollegen oder Vorgesetzten, sowie jedem anderen Menschen, der uns freudig berührt oder auch manchmal an den Rand der Verzweiflung bringt. Herzliche Übereinstimmungen und gleiche Anschauungen sind meiner Erfahrung nach meist keine wesentlichen Gründe für einen Partner-Vergleich. Hauptsächlich geht es den Betroffenen um eine Analyse von Reibungspunkten, letztendlich gefragt wird von meinen Klienten oft nach dem ultimativen Tipp zum besseren und friedvolleren Umgang mit der anderen Person, um die gemeinsame Zeit besser „aushalten“ zu können.

Doch eines sollte auch hierbei klar sein: das Gegenüber spiegelt uns in den meisten Fällen die eigenen Lernaufgaben; möchte ich also gerne den Partner verändern, sollte ich auch bereit sein, mich selbst zu verändern. Wie sagte schon

Aristoteles: „Wenn Du die Welt verändern willst, musst Du bei Dir selbst beginnen!“ Die gute Nachricht ist: wir müssen eine gewünschte Veränderung nur wirklich ernsthaft wollen, dann wird es - mit ein wenig Unterstützung durch einen erfahrenen Wegbegleiter - auch in den meisten Fällen funktionieren; das kann ich guten Gewissens aus vielen eigenen Erfahrungen und durch die Arbeit mit meinen Klienten bestätigen!

Augenblicks-Astrologie: Der richtige Zeitpunkt zählt!

Der Volksmund sagt: alles zu seiner Zeit! Schon die antiken Herrscher ließen sich von ihren persönlichen Hof-Astrologen die astro*logisch* besten Zeitpunkte für Krönungszeremonien, Kriegsbeginn, Verhandlungen, Vermählungen und viele andere Vorhaben errechnen, und die sternkundigen Weisen wurden selbstverständlich auch zu strategischen Entscheidungen und Vorgehensweisen aller Art, nicht nur in Kriegssituationen und Friedensverhandlungen konsultiert. Wenige Menschen wissen heutzutage noch, dass es auch in unserer modernen Zeit möglich ist, den persönlich optimalen Zeitpunkt für ein wichtiges Anliegen zu nutzen und damit den Erfolg oder Misserfolg eines Unternehmens maßgeblich zu unterstützen. Es gibt astro*logisch* begünstigte Zeitpunkte, die zum Gelingen geplanter Vorhaben stark beitragen und unterstützend wirken, aber auch extrem schlechte, die man unbedingt vermeiden sollte, um sowenig

Energie wie möglich durch unnütze Komplikationen und Fremdeinflüsse zu vergeuden!

Ich arbeite seit über fünfzehn Jahren mit „Elektions-Horoskopen" zur Zeitpunkts-Bestimmung und habe nur die besten Erfahrungen damit gemacht; deshalb kann ich diese Vorgehensweise auch guten Gewissens meinen Klienten weiter empfehlen. Ein energetisch guter Start ist aus astro*logischer* Sicht sehr wichtig für alles, was uns persönlich sehr am Herzen liegt: zum Beispiel für eine Geschäftsgründung, zum Unterzeichnen eines wichtigen Vertrages, für Investitionen oder Finanzierungen, für eine berufliche Bewerbung, eine anstehende Operation, für Reisen aller Art und vieles mehr...

Ich möchte ein Fall-Beispiel zur Verdeutlichung nennen: ein Klient von mir, der einen kleineren Betrieb mit Angestellten sein eigen nennt, hat während eines Zeitraumes von zwei Jahren einen Stellvertreter gesucht, der ihn als Geschäftsführer in wichtigen Situationen entlasten sollte. Obwohl in diesem Zeitraum mehrere Anwärter ihr Interesse für diese Stelle bekundeten, war leider der geeignete Kandidat nicht dabei, der seinen Vorstellungen auch wirklich entsprechen konnte. Ich berechnete auf seinen Wunsch hin einen geeigneten und erfolgversprechenden Zeitpunkt, den mein Klient nutzte, um eine Stellenanzeige in der Zeitung aufzugeben und binnen ein paar Tagen meldete sich ein Bewerber bei ihm, der bestens zu ihm und seiner Firmenphilosophie passte. Vielleicht denken Sie jetzt, das sei nur Zufall oder einfach Glück? Ich bin jedoch durch meine langjährige Erfahrung überzeugt: wir können unserem Glück astro*logisch* manchmal beachtlich auf die Sprünge helfen! ;-)

Ein guter Zeitpunkt ist übrigens auch sehr wichtig und empfehlenswert bei Reisen aller Art, denn vom astro*logischen* Standpunkt aus betrachtet kann der exakte Abreise-Zeitpunkt nicht nur eine hervorragende Starthilfe sein, sondern wird sogar zur Inhaltsangabe der gesamten Reise!

Für einen längeren Aufenthalt im Ausland kann es deshalb wirklich von großem Vorteil sein, sich seine persönlich günstigen Reisebedingungen zu sichern, um bereichernde Begegnungen und Erlebnisse und einen möglichst harmonischen und reibungslosen Ablauf der gesamten Reise erleben zu können. Auch hier gilt die wichtige Regel: herausfordernde Zeitpunkte, die Konfliktpotential beinhalten, (Unfallgefahr, etc.) unbedingt zu vermeiden, was in manchen Fällen natürlich eine gewisse zeitliche Flexibilität erfordern kann. Wir können einen sorgfältig ausgewählten Abreisezeitpunkt auch als astro*logische* Reiseversicherung betrachten, die für eine beruhigende Grundstimmung sorgen kann! ;-)

Allerdings nützt uns auch der beste Reisezeitpunkt nichts, wenn wir nicht unseren persönlichen Teil dazu beitragen! Als kleine Anekdote möchte ich eine eigene Erfahrung teilen: mein Mann und ich wollten vor ein paar Jahren aus geschäftlichen Gründen einige Städte in Indien besuchen, um eine Möglichkeit der Zusammenarbeit mit geeigneten Firmen in Delhi, Pune und

Bangalore abzuklären und ich hatte uns dazu einen erfolgversprechenden Abreisetermin errechnet. Dazu sollten wir um exakt 5 Uhr morgens das Haus verlassen, der Flug startete zwar erst um 10 Uhr vormittags, doch wir planten circa zwei Stunden für die ruhige Fahrt zum Flughafen und wollten uns dann die restliche Wartezeit noch bei einem ausgiebigen Frühstück vertreiben.

Am Vorabend der Abreise waren wir noch auf einen Sprung bei unseren befreundeten Nachbarn, die während unserer Abwesenheit auf unser Haus achten wollten und mit denen wir zum Abschied noch etwas feierten, da der Abend spontan sehr lustig und anregend verlief. So passierte es, dass wir die Zeit vergaßen, wir kamen erst sehr spät wieder nach Hause und hatten nur noch kurze Zeit, um uns ein wenig Schlaf zu gönnen. Es kam, wie es kommen musste: wir vergaßen, den Wecker zu stellen und erwachten erst zu der Zeit, als wir eigentlich schon am Flughafen sein sollten. In Windeseile und mit fliegenden Fahnen verließen wir das Haus zu einer astro*logisch* denkbar schlechten Zeit, um den Flieger unter allen Umständen vielleicht doch noch zu erreichen. Wir erwischten zwar in der letzten Sekunde unseren Flug, doch saturnisch geprägte Reisebedingungen verhießen uns nichts Gutes: wir hatten sehr viele Verzögerungen während der verschiedenen Stationen unserer Reise; unsere Treffen mit potentiellen Zulieferern zogen sich zäh wie Kaugummi und die Verhandlungen mit den indischen Geschäftspartnern erwiesen sich als sehr mühsam und schwer. Wir waren froh und glücklich, als wir nach unserer zehntägigen Indienreise endlich wieder in der Heimat und in unserem trauten Heim ankamen.

Und die Moral von der Geschicht? Astro*logisch* gute Zeitpunkte gilt es auch jungfräulich gewissenhaft und pünktlich umzusetzen, ansonsten funktioniert es nicht! ;-)

Das astro*logische* Weltbild

Können Sie sich das eigene Geburtshoroskop als Weltkarte vorstellen? Ich besitze sowohl für mich selbst, als auch für meinen Mann, einen farbigen astro*logischen* „Atlas", um bei geplanten Reisen aller Art, einen Blick auf diese ungemein interessante und aussagekräftige Weltkarte werfen zu können.

Die persönlichen Planetenlinien eines Menschen in Verbindung mit allen Kontinenten und Ländern dieser Erde ermöglichen eine sehr bereichernde Perspektive; dieses „Weltbild" wird in der Fachsprache „Astro-Kartographie" genannt. Zur Veranschaulichung ein persönliches Beispiel: meine Venus-Linie verläuft in nahem Kontakt zu den Kanarischen Inseln, was übersetzt heißt, dass ich mich in dieser Region sehr wohl fühle, so dass wir mittlerweile bereits zum vierten Mal dort Urlaub gemacht haben, obwohl ich definitiv nicht der „Immer-an-den-gleichen-Ort-zurückkehrende-Täter" als Urlaubstyp bin. Nach einer weiteren Recherche bezüglich eines früheren Urlaubs in Venezuela auf der Isla Margarita wunderte mich aus astro*logischer* Sicht gar nichts mehr: eine markante Spannungslinie eines persönlichen Planeten meines Geburtshoroskops lief durch diese geografische Zone und das war für mich die natürliche Erklärung dafür, warum ich damals innerhalb von zwei Urlaubswochen zehn Tage mit Fieber im Bett verbracht hatte! Dank präventiver „astrokartographischer“ Betrachtung bin ich heutzutage in der glücklichen Lage, gut geeignete Urlaubsorte auswählen zu können, wo sich alle Reisebeteiligten wohl und unbeschwert fühlen dürfen.

Natürlich nimmt der Erholungseffekt einer geplanten Urlaubsreise deutlich zu, wenn wir risikoreiche Orte mit unangenehmen Erfahrungswerten meiden können, aber noch viel wichtiger und empfehlenswerter kann es sein, einen längeren Auslandsaufenthalt oder gar eine vollständige Emigration ins Ausland astro*logisch* abklären zu lassen, wenn man sich unangenehme und schmerzliche Erfahrungen gern ersparen möchte.

Auch wenn die Absicht besteht, sich eine eigene Ferienwohnung oder ein Haus als Urlaubsdomizil im Ausland zu kaufen, belegen die Erfahrungswerte aus meiner Praxis, dass es sehr hilfreich sein kann, sich bei Vorhaben dieser Art die Unterstützung des Kosmos zu sichern!

Die fast vergessene Kunst der Stundenastrologie Oder: Die Antworten des Universums auf unsere wichtigen Fragen in kritischen Lebenssituationen

Meine astro*logische* Vorliebe gilt der alten, fast vergessenen Kunst der Stundenastrologie, die viele Astrologen heutzutage gar nicht mehr kennen oder nicht mehr praktizieren; in meinen

Augen ist diese Methode jedoch eines der spannendsten Werkzeuge der gesamten Astrologie. Es geht dabei um die Deutung von wesentlichen und wichtigen Fragen eines Klienten, der sich meist in einer schwerwiegenden Entscheidungssituation oder gar einer Lebenskrise befindet und oft händeringend nach Antworten und Lösungen sucht.

Die stundenastro*logische* Auswertung einer Frage, eines Ereignisses oder eines Begegnungshoroskops ist in vielen Fällen die Basis für weiterführende Berechnungen und bietet aussagekräftige und faszinierende Einblicke in verschiedenste Lebenssituationen, die unglaublich hilfreich sein können. Ein Stundenhoroskop, das auf den genauen Zeitpunkt einer Fragestellung oder eines Zeitpunktes erstellt wird, spiegelt nicht nur die aktuelle Situation des Fragenden wider, sondern enthält - in den meisten Fällen - auch die Antworten, die der Fragesteller braucht, um zukünftige Entscheidung zielsicher treffen zu können.

Ich möchte dies mit einem persönlichen Beispiel verdeutlichen: Wenn ich einen wichtigen Termin mit einem Menschen habe, den ich zum ersten Mal treffe, kann mir ein Begegnungshoroskop, das exakt auf diesen bestimmten Zeitpunkt errechnet wird, viele wertvolle Aussagen bezüglich unseres Treffens liefern.

Das Horoskop beinhaltet unsere gemeinsamen Verbindungen und kann beschreiben, ob die gemachten Aussagen meines Gegenübers mit seiner inneren Einstellung übereinstimmen oder ob er vielleicht die Tatsachen anders darstellt, als sie wirklich sind und ob wir im Laufe unseres Termins für unser Vorhaben einen gemeinsamen Erfolg erzielen werden oder die Sache im Sande verlaufen wird. Auf diese Art und Weise haben wir bei unserem geplanten Firmenverkauf alle ernsthaften Interessenten schon mal „vorsortiert", also entweder auf den Stapel „prinzipiell mögliche und funktionierende Partnerschaften" oder auf den Stapel „aussichtslose Kandidaten" gelegt...

Aber vielleicht sollte ich diese Geschichte von Anfang an erzählen: mein Mann hatte in den Jahren 2000 bis 2010 einen stattlichen mittelständischen Betrieb aufgebaut, der sich mit der Herstellung von mechanischen Komponenten für die Elektronik-Industrie befasste, und durch stetiges Wachstum konnte die Firma weit über 100 Mitarbeiter beschäftigen.

Mein Angetrauter hatte seine Leidenschaft zur Technik nicht nur in sein Berufsleben integriert sondern sein Hobby sogar zu seinem Beruf gemacht. Das Unternehmen forderte zwar viel Einsatz und Engagement, aber die Arbeit machte ihm auch große Freude und fiel ihm deshalb meistens leicht. Ich unterstützte meinen Mann in der Logistik und hatte über mehrere Jahre die kaufmännische Leitung inne. Die Firma lief im Prinzip sehr gut und wir hatten den gewünschten wirtschaftlichen Erfolg. Was meinem Mann allerdings immer schwerer lastende Sorgen bereitete, war die ständig größer werdende Verantwortung für die Mitarbeiter und seine persönliche Haftung als Geschäftsführer für die Einhaltung der zu Grunde liegenden Gesetze, die nur ein Jurist vollständig überblicken kann.

Ein geschäftsführender Unternehmer wird durch unseren Gesetzgeber staatlich gezwungen für eine Unmenge an staatlich vorgegebenen Richtlinien persönlich einzustehen, deren unvorstellbar große Anzahl er aber nie und nimmer kennen und überblicken kann, was ihn im schlimmsten Fall aber nicht vor Haftungsverpflichtungen und den damit verbundenen rechtlichen Folgen schützt. Für die Schütze-Betonung meines Mannes stellte dieser Sachverhalt aufgrund persönlich erlebter Erfahrungen eine permanente und massive Verletzung seines stark ausgeprägten Gerechtigkeitssinnes dar, sowie eine Einschränkung seiner persönlichen Entscheidungsfreiheit. Nicht zuletzt aus diesem Grund brachte er eines Tages ein Anschreiben einer Firma mit nach Hause, die sich mit „Mergers & Aquisitions" befasste, also potentielle Interessenten vermittelte, die in mittelständische, gut funktionierende Firmen investieren oder diese sogar kaufen wollten.

Auf sein Drängen hin erstellte ich ein Stundenhoroskop mit der Frage: wäre diese Firma ein grundsätzlich geeigneter Partner für einen möglichen Verkauf? Die Antwort, die das ausgewertete Horoskop enthielt, machte einen vielversprechenden Eindruck: zwar beinhaltete eine solche Transaktion ein paar Höhen und Tiefen mit herausfordernden Konstellationen, doch das Endergebnis sollte für uns als potentielle Verkäufer doch sehr zufriedenstellend sein!

Interessanterweise hatte ich kurz zuvor das Jahreshoroskop meines Liebsten ausgewertet, das jeweils am Geburtstag berechnet wird und die Schwerpunkte des kommenden Lebensjahres mit den betroffenen Lebensbereichen beschreibt. Diese Analyse wies auf einen bevorstehenden großen beruflichen Umbruch hin, was ich mir zum damaligen Zeitpunkt gar nicht so recht vorstellen konnte. Was sollte sich schon großartig verändern? Doch das Leben bietet uns ja in kreativer und vielfältiger Weise fast täglich neue Möglichkeiten und Herausforderungen, und es liegt stets an uns selbst, ob wir diese auch annehmen oder lieber in der aktuellen Situation verharren möchten. Die stundenastrologische Auswertung des besagten Frage-Horoskops enthielt für uns die Aussage, dass das Leben uns eine definitiv gute Möglichkeit zuführen würde, wenn wir wirklich ernsthaft verkaufen und diese Chance ergreifen möchten. Wir entschlossen uns also, den Betrieb zur Verkaufs-Vermittlung anzubieten, aber natürlich nur unter der ausschließlichen Voraussetzung, dass die Firma in unserem Sinne weitergeführt werden würde und alle Mitarbeiter ihren Arbeitsplatz behalten konnten. Diese Bedingung war uns sehr wichtig, da uns unsere Mitarbeiter schon immer sehr am Herzen lagen und wir diese auch weiterhin gut versorgt wissen wollten.

Die Vermittlungsfirma, die unser Partner beim Verkauf sein sollte, schickte uns also im Laufe eines Jahres circa zwanzig potentielle Interessenten, die sich selbstverständlich einen persönlichen Eindruck von unserer zum Verkauf angebotenen Firma vor Ort machen wollten. Jedes mal, wenn einer dieser Termine bevorstand, erstellte ich auf den vereinbarten Begegnungszeitpunkt ein Stundenhoroskop und konnte so meinem Mann wertvolle Informationen zu diesem Termin und dessen Verlauf liefern. Die meisten dieser potentiellen Käufer machten auf uns einen sehr guten und wirklich interessierten Eindruck. Von fast allen gab es große Lobeshymnen für unseren Betrieb und die meisten von ihnen versprachen wesentlich mehr, als sie – laut Stundenhoroskop – auch halten würden. Auch wenn die mit der Vermittlung beauftragte Firma andere Aussagen für uns bereithielt: der versteckte Stapel „nicht in Frage kommende Kandidaten“ hatte bei uns schon eine beträchtliche Höhe erreicht. Da wir jedoch für einen Verkauf im Prinzip nur einen einzigen seriösen und gutsituierten Interessenten benötigten, waren wir mit der wesentlich geringeren, aber sehr erfolgversprechenden Anzahl von „prinzipiell möglichen und gut funktionierenden Partnerschaften“ sehr zufrieden, obwohl dieser Stapel auf nur drei Kandidaten geschrumpft war.

Letztendlich haben wir uns dann für einen der drei Investoren entschieden, die es in die astro*logische* Endausscheidung geschafft hatten, wir konnten den Betrieb zu einem für uns günstigen Zeitpunkt verkaufen und haben diese Entscheidung nie bereut. Die Firma, die mein Mann im Laufe von zehn Jahren aufgebaut hatte, wird nun - zwar unter anderer Regie - aber in unserem Sinne weitergeführt und nicht nur alle Mitarbeiter konnten übernommen werden, sondern es wurde auch weiterhin fleißig expandiert, wodurch neue Arbeitsplätze geschaffen und zusätzliches Fachpersonal eingestellt werden konnte.

Fazit: Das Leben ist Veränderung und bietet uns oft gute und zukunftsorientierte Gelegenheiten, allerdings müssen wir diese dann auch am Schopf packen und unseren Teil dazu tun!

Astro*logische* Unternehmensberatung mit Sinn

Astro*logische* Unterstützung macht also nicht nur in privaten Lebensbereichen Sinn, sondern selbstverständlich genauso in unserem Berufs- und Geschäftsleben. Deshalb möchte ich an dieser Stelle gerne noch ein paar weitere eigene Erfahrungen mit allen Lesern teilen, weil sie zum maßgeblichen Erfolg in einer Firma, einem Betrieb oder einem Unternehmen beitragen können.

Wie bereits geschildert unterstützte ich meinen Mann in seiner Firma, mit der er sich im Jahre 2000 selbstständig gemacht hatte: anfangs in der Logistik und EDV, später übernahm ich koordinative und administrative Tätigkeiten, managte personelle Entscheidungen und organisierte Werbung und Marketing, bis ich dann in den letzten Jahren die komplette kaufmännische Leitung innehatte. Während dieser ganzen Zeit konnte ich zwar auf meine langjährigen Erfahrungen als Einkaufsleiterin zurückgreifen, aber es gab noch weitere, in meinen Augen wesentlich mehr beeindruckende Fähigkeiten, die ich mir während meiner astro*logischen* Ausbildungen angeeignet hatte und die einen wirklich gravierenden Unterschied zu den Geschäfts-Strategien anderer Unternehmen darstellten.

Als praktizierende Astrologin wusste ich, dass es fördernde Zeitqualitäten gibt, die zum Gelingen eines geplanten Vorhabens stark beitragen und unterstützen, es aber leider auch Zeitpunkte gibt, wo man zum Großteil kämpfen und gegen den Strom schwimmen muss, um seine Ziele irgendwann vielleicht doch noch zu erreichen. Ich fragte mich selbst, warum ein Geschäftsmann, der mit einer Astrologin verheiratet ist, dieses wertvolle Wissen nicht zur Steigerung seines unternehmerischen Erfolgs ausnutzen sollte? Es würde dadurch niemandem ein Schaden zugefügt, im Gegenteil, auch beteiligte Geschäftspartner konnten durch diese Vorgehensweise ihren Nutzen davon haben, wenn auch völlig unbewusst!

Da mein toleranter Schütze-Mann meinen astro*logischen* Künsten gegenüber stets sehr aufgeschlossen war, berechnete ich also jede größere Transaktion oder finanzielle Investition in der Firma auf der Basis geeigneter und unterstützender Zeitqualitäten. Es wurde keine wichtige Maschine oder größere Anlage mehr gekauft, ohne den Zeitpunkt für die Unterschrift, die den Kauf rechtskräftig werden lässt, optimal zu terminieren. Dies erforderte hin und wieder ein paar Balanceakte von uns; ein sehr guter Termin für einen wichtigen Geschäftsabschluss konnte schon mal mitten in der Nacht liegen, aber in den meisten Fällen konnten wir die erforderlichen Dokumente für eine Transaktion auch faxen oder e-mailen, um unsere berechneten „Zeit-Tore“ exakt nutzen zu können. Man stelle sich frühere Zeiten ohne Internet vor, wo wir dann zum Beispiel um 03.17 Uhr nachts persönlich im Schlafanzug zum nächsten Briefkasten hätten aufbrechen müssen! ;-)

Mein Mann merkte schnell, dass die astro*logische* Unternehmensberatung in Kombination mit seinen ausgeprägten geschäftlichen Fähigkeiten hervorragend funktionierte und gemäß seines lebensfreudigen und extrovertierten Löwe-Aszendenten kommunizierte er unsere „außergewöhnliche“ Vorgehensweise auch offen an Kunden und Lieferanten. Falls diese Menschen uns in diesen Jahren für nicht ganz zurechnungsfähig erklärt haben, ließen sie es sich im Interesse einer guten Geschäftsbeziehung zumindest nicht anmerken! ;-)

Nebenbei bemerkt: mein Mann wurde im Lauf der Zeit auch mein bester PR-Manager für meine nebenberuflich laufende astro*logische* Beratungspraxis, da es ihm mit seiner optimistischen Schütze-Betonung sehr leicht gelingt, andere Menschen zu begeistern und bei ihnen neue Horizonte zu öffnen für Dinge, von denen er persönlich vollkommen überzeugt ist!

Es gab noch einen weiteren Vorteil für unseren Betrieb: die astro*logische* Auswertung von Bewerberprofilen. Sollte eine wichtige Stelle besetzt werden, achteten wir im Lauf der Zeit nicht nur auf gute fachliche Qualifikationen, sondern wir fragten zusätzlich auch nach den Geburtsdaten der Bewerber, was zwar anfangs öfter leichtes Erstaunen erzeugte, aber dann stets mit Neugier und Interesse hinterfragt wurde. Ich erklärte es meist so: Was nützt uns ein Mitarbeiter, der perfekte Zeugnisse mitbringt, aber menschlich nicht in unser Team passt und es vielleicht sogar irgendwann zu Streit und Aufruhr unter den Kollegen kommt? Wir waren stets auf der Suche nach Mitarbeitern, die optimal und langfristig zu unserer Firma und den zukünftigen Arbeitskollegen passten und dieses Statement stellte jeden unserer Bewerber zufrieden!

Wir hatten also den astro*logischen* Vorteil, die zu unserer Firmenmentalität passenden und bestens geeigneten Bewerber für eine wichtige Stelle mit in unser Firmen-Boot zu holen und jeden seinen Fähigkeiten entsprechend einzusetzen. Ein Beispiel dazu? Ein Mitarbeiter, der zwar sehr belastbar und ausdauernd ist, aber als absolute Grundvoraussetzung unbedingt seine Ruhe zum Arbeiten braucht, sollte nicht in ein Büro mit vielen Kollegen oder starkem täglichen Publikumsverkehr gesetzt werden. Um seine Leistungen wirklich effektiv einsetzen zu können, ist ein möglichst ruhiger Platz mit maximal zwei Personen in einem Büro viel sinnvoller. Ist so eine Möglichkeit nicht vorhanden, wäre es besser, einen flexiblen und teamfähigen Bewerber auszuwählen, der erst so richtig in Fahrt kommt, wenn in das Büro keine Stecknadel mehr reinpasst. ;-)

Zum Vorteil aller Beteiligten kann es manchmal besser sein, wenn ein Vertrag NICHT zustande kommt! Ich erinnere mich noch an einen Bewerber, der zwar nach seinen Referenzen für eine freie Stelle in der Produktion gut geeignet war, mir aber trotzdem wegen seiner riesengroßen Neigung zur Impulsivität (gelinde ausgedrückt) deutliches Kopfzerbrechen gemacht hatte und ich mich deshalb innerlich von ihm distanziert hatte.

Mein Mann stellte diesen Mann aufgrund dringender Aufträge trotzdem ein und war dann sehr erstaunt, als „der Neue" ihm nach circa zwei Monaten während einer kleinen Meinungsverschiedenheit im Affekt, von einer Minute auf die andere die Arbeit vor die Füße schmiss und nach einer massiven und ausufernden „Verbal-Attacke“ wutentbrannt die Firma und seinen Arbeitsplatz verließ! Nach dieser wichtigen Erfahrung konnte mein Mann dem wertvollen “Werkzeug Astrologie“ noch größere Bewunderung entgegenbringen! ;-)

Die Auswertung von Bewerber-Profilen und die Auswahl zukünftiger Mitarbeiter auf Basis einer Stärken-Schwächen-Analyse bot nicht nur für unsere eigene Firma markante Vorteile. Auch andere Unternehmer kontaktierten mich bezüglich einer astro*logischen* Analyse und wünschten sich Aussagen zu: Fähigkeiten, Potentialen, Charaktereigenschaften, Teamfähigkeit, emotionalem Reaktionsverhalten, Flexibilität, Leistungsbereitschaft, Belastbarkeit etc. eines potentiellen Bewerbers zur Besetzung einer wichtigen Stelle.

Feedback eines Klienten, 60 Jahre,
Profilanalyse: Bewerber für Geschäftsfiliale

„Ich war sehr erstaunt zu erleben, dass der zuerst sehr vielversprechende junge Mann und Bewerber mit den hervorragenden Qualifikationen für meine neue Geschäftsfiliale, sich dann doch nicht als kompetenter Mitarbeiter erwiesen hat, weshalb ich mich inzwischen auch von ihm getrennt habe. Leider habe ich das Bewerberprofil erst NACH der Anstellung von Ihnen austesten lassen. Zukünftig werde ich mich gerne VOR einer Einstellung bei Ihnen melden, um sichergehen zu können, dass ein zukünftiger Mitarbeiter in verantwortungsvoller Position mit seinen menschlichen und sozialen Kompetenzen auch wirklich langfristig zu mir und zu meiner Firma passt. Gerne melde ich mich bei nächster Gelegenheit wieder bei Ihnen!“

Ich freue mich immer über das Feedback von meinen Klienten und bin dafür sehr dankbar, denn meist ist dadurch ein Lerneffekt für beide Seiten gegeben!

Natürlich können nicht nur Bewerberprofile astro*logisch* ausgewertet werden; im Prinzip können die meisten Projekte, wie Finanzierungen, Investitionen, Geschäftsgründungen oder ähnliche geschäftliche Vorhaben astro*logisch* auf Erfolgsaussicht und Werthaltigkeit analysiert werden. Selbst wenn eine astro*logische* Auswertung einmal negativ ausfällt, kann die Entscheidung gegen eine geplante Investition, Fusion oder Partnerschaft trotzdem sehr hilfreich sein, weil sie viel Geld, Zeit und Ärger einsparen kann!

Dazu fällt mir noch ein persönliches Beispiel ein: mein Mann hatte geschäftliche Beziehungen nach Tschechien und überlegte, einen dort ansässigen kleinen Betrieb mit circa fünfzehn Mitarbeitern zu übernehmen und den damaligen Geschäftsführer dieser Firma als gleichberechtigten Partner mit ins Boot zu holen. Er unterbreitete mir sein gedankliches Konzept und bat mich um eine astro*logische* Analyse für sein Vorhaben.

Hier das Ergebnis: es sprach nichts gegen den Kauf des Unternehmens, allerdings vieles gegen die geplante Partnerschaft, hiervon konnte ich nur deutlich abraten! Mein Mann war von dieser Tatsache alles andere als begeistert, da er jedoch mittlerweile sehr viel Wert auf die astro*logischen* Fakten legte, kaufte er die Firma und setzte den alten Geschäftsführer wieder an die gleiche Stelle, aber nicht als Partner, sondern als gut bezahlten Angestellten.

Diese Entscheidung sollte sich nach ein paar Jahren als goldrichtig erweisen: zwar expandierte die Firma und die Belegschaft wuchs, aber das Verhältnis zu diesem Angestellten wurde immer schlechter und eskalierte, als sich herausstellte, dass dieser Mann es mit der Wahrheit alles andere als genau nahm. Viele Transaktionen, die seinem Verantwortungsbereich unterlagen, unterschieden sich gravierend von den Anweisungen, die mein Mann ihm vorgegeben hatte. Glücklicherweise ist es sehr viel einfacher, sich von einem Angestellten zu trennen, als von einem gleichberechtigten Partner und wir waren deshalb im Nachhinein sehr froh über den astro*logischen* Fingerzeig!

Horoskope als Erziehungshilfe für Kinder und Jugendliche Oder: wie tickt denn eigentlich mein Kind?

Gutmeinende und astro*logisch* interessierte Menschen verschenken manchmal zur Geburt eines Babys einen Gutschein für ein Kinder-Horoskop. Leider machen es sich viele Astrologen dabei sehr einfach und erstellen dann ein Computerhoroskop, basierend auf dem Geburtsdatum des Kindes, das meist sehr viele gedruckte Seiten beinhaltet. Ich persönlich halte davon nicht viel, da ein Computerprogramm immer nur einzelne Aspekte in Form hinterlegter Textbausteine digital verarbeiten kann; somit werden auf diese Weise immer nur einzelne Puzzle-Teile nacheinander betrachtet und als Stückwerk gedeutet, aber es kann bei dieser Vorgehensweise niemals das gesamte Bild der kleinen Persönlichkeit berücksichtigt werden, so wie es bei einer persönlichen Beratung durch einen erfahrenen Astrologen sein sollte! Verständlicherweise entstehen dadurch dann leider Aussagen von Betroffenen, die sich mit Teilen eines Computerhoroskops identifizieren können, aber andere Teile davon strikt ablehnen. Eine Computeranalyse kann die astro*logische* Deutung mit ganzheitlicher Sichtweise niemals ersetzen, zum großen Glück, denn sonst bräuchten wir irgendwann dazu keine befähigten Menschen mehr!

Ich stelle in meiner Praxis ebenfalls Gutscheine für ganzheitliches Coaching oder astro*logische* Beratungen aus, diese sollen jedoch ausschließlich für ein persönliches Gespräch mit der Mutter, dem Vater oder einer der Hauptbezugsperson des Kindes genutzt werden. Die Deutung eines Kinderhoroskops kann - unter anderem - als Erziehungshilfe oder zur Förderung von Anlagen und Talenten genutzt werden. Die astro*logische* Betrachtung beinhaltet weiterführend auch die Lernaufgaben von Eltern und Kindern, die ja nicht ohne Grund in genau dieser Familie geboren (inkarniert) werden. Das Beratungsgespräch kann auf Wunsch aufgezeichnet werden; somit können die Eltern, Großeltern oder andere Bezugspersonen das Gespräch wiederholt anhören und die Entwicklungsschritte des Kindes aus der astro*logischen* Perspektive betrachten. Ich habe von vielen Klienten das Feedback erhalten, dass das Wissen um die

Grundveranlagung ihres Kindes einen sehr wertvollen Beitrag zum Verständnis mancher Verhaltensweisen und somit für den harmonischen Umgang in der ganzen Familie leistet.

Ein neugeborenes Baby ist entgegen der Meinung vieler Menschen kein unbeschriebenes Blatt, sondern ein kleines Menschlein, das bereits viele Erfahrungen, Veranlagungen und Prägungen mit in dieses Leben bringt und dessen Seele sich im Hier und Jetzt (wenn auch unbewusst) sehr viel vorgenommen hat. Ich sehe die Aufgabe der Eltern darin, das Kind in seinen Talenten zu fördern und seinen Weg beschützend zu begleiten, um in Freude daran teilhaben zu dürfen, wie aus dem Kind ein selbstständiger und verantwortungsbewusster Erwachsener heranwachsen und ein wertvolles Mitglied unserer Gesellschaft werden kann.

Der Erfolg einer wirklich guten Eltern-Kind-Beziehung gipfelt in meinen Augen darin, dass das flügge gewordene Kind auch als Erwachsener immer wieder gerne in sein ehemaliges Eltern-Nest zurück kehrt und dass auf dieser Basis eine „wunderbare Freundschaft“ gelebt werden darf, die aus gegenseitiger Achtung und Respekt für die unterschiedlichen Bedürfnisse jedes Familienmitglieds besteht. In der Realität ist jedoch oft das Gegenteil der Fall und die Zahl der „permanenten Nestflüchter“ ist leider dementsprechend hoch. Dabei wäre vieles so einfach, doch in den Vorstellungen mancher Eltern dürfen die Kinder nicht ihre eigenen Fähigkeiten und Talente entwickeln, sondern sollen „funktionieren“, um entweder in die berühmte „Schublade" zu passen, so wie die Eltern es eben gerne hätten oder um die versäumten Träume ihrer Eltern zu verwirklichen. Beide Erwartungshaltungen sind nicht im Sinne des Lebens und führen langfristig mit Sicherheit zu Missverständnissen und Konflikten, oft aufgrund völlig unterschiedlicher Weltanschauungen, die auf einen gemeinsamen Nenner gebracht werden wollen.

Auch für die verschiedenen Entwicklungsstufen vom Kind zum Jugendlichen kann eine vertiefte Auswertung des Geburtshoroskops wiederum große Hilfe bieten, denn bei anstehenden Entscheidungen zu weiterführenden Schulen, möglichen Ausbildungen oder einer geeigneten Berufswahl kann die astro*logische* Brille eine ungemein wichtige Orientierungshilfe sein!

Es ist immer wieder schön festzustellen, wie offen viele unserer Jugendlichen für eine astro*logische* Beratung sind, weil ihre Denkweisen noch nicht so eingefahren und hinderlich sind, wie bei vielen Erwachsenen im fortgeschrittenen Lebensalter. Potentiale sind dazu da, um sie zu leben und Eltern sollten ihre Kinder nicht durch überhöhtes Sicherheitsdenken und allzu konservativer Lebenseinstellung daran hindern, ihre Persönlichkeit und Flügel zu entfalten, was leider in vielen Familien mit stark traditionellen Ansichten oft an der Tagesordnung ist, besonders dann, wenn Berufe oder Betriebe an nachfolgende Generationen „weiter vererbt" werden sollen.

Praxisbeispiel: ein junger Mann, der gerade sein Abitur machte, sollte aufgrund familiärer Beziehungen zu einer renommierten Institution in eine Beamtenlaufbahn gedrängt werden, die seinem Naturell aus astro*logischer* Sicht wenig bis gar nicht entsprechen konnte. Mit seinen vielversprechenden Veranlagungen konnte ich ihn mir eher als Abenteurer und Entdecker in fernen Ländern für Pionier-Missionen vorstellen, als am Schreibtisch den langsamen Tod der Langeweile und der Unterforderung zu sterben. ;-)

Natürlich ist das jetzt etwas scherzhaft und übertrieben ausgedrückt; wir fanden im Laufe des Beratungsgespräches viele praktische Entsprechungen die er gut mit kleinen Schritten in realistische Ausbildungsmöglichkeiten umsetzen konnte. Als ihm klar wurde, dass ihm alle Möglichkeiten offenstehen, ging er energiegeladen und voll mit neuen guten Vorsätzen aus der Beratung und ich hatte den Eindruck, dass er auf jeden Fall seinen „Weg der eigenen Potentiale" gehen würde: einerseits kompromissbereit, aber trotzdem auch durchsetzungsstark und gut gewappnet gegen die ausschließlich sicherheitsorientierten Ratschläge und Meinungen von nahestehenden Menschen.

Bei einem zweiten Beratungsgespräch, ein paar Monate später, hat er mir freudestrahlend berichtet, dass er sich gegen die Beamtenlaufbahn und für ein weiterführendes Studium, seiner Neigung viel besser entsprechend, entschieden hatte und darüber war im Nachhinein nicht nur er selbst sehr froh, sondern auch seine ganze Familie! Das Wichtigste bei beruflichen Entscheidungen ist stets, dass neben den erforderlichen Begabungen auch die Freude an der Sache dabei sein muss, ansonsten kann jede berufliche Orientierung nur als Übergangslösung betrachtet werden und ist langfristig zum Scheitern verurteilt.

Veranlagung und Temperament im Kinderhoroskop Oder: weshalb gibt es immer mehr Kinder mit Diagnose ADS/ADHS?

Mit Entsetzen stelle ich immer wieder fest, dass Kinder mit lebhaftem Temperament und starkem Bewegungsdrang sofort in die ADS/ADHS-Schublade einsortiert werden. Doch nähern wir uns dem Thema zuerst einmal aus einer ganzheitlichen Perspektive: „Elternwerden ist nicht schwer, Elternsein dagegen sehr“, besagt ein altes Sprichwort, das Kindererziehung als eine sehr anspruchsvolle Aufgabe beschreiben will.

Wussten Sie, dass Kinder bis zum 5. Lebensjahr ungefiltert die Verhaltensweisen und Vorstellungen von Eltern und Bezugspersonen übernehmen? Kinder lernen in den ersten Jahren durch Beobachtung und Nachahmung, deshalb sind positive Vorbilder, besonders während der ersten Lebensjahre, extrem wichtig. Schon während der gesamten Schwangerschaft also noch im Mutterleib überträgt sich jede Empfindung der werdenden Mutter, wie große Freude oder tiefes Leid, direkt auf das ungeborene Kind. Gefühle wie Ablehnung, Verletzungen, „Nicht-erwünscht-sein“ durch Mutter oder Vater, heftiger Streit etc. wird als traumatischer Erfahrungswert in den Zellen

„gespeichert" und prägt bereits in diesem Stadium bestimmte spätere Verhaltensweisen des Kindes. Unsere Vorstellung, dass das ungeborene Kind oder das kleine Baby noch nichts verstehen kann, gehört in ein vergangenes Weltbild und sollte unwiderruflich verabschiedet werden, denn neurowissenschaftliche Untersuchungen haben längst das Gegenteil bewiesen!

Vom ersten Tag an sollten Eltern und Erwachsene großen Wert auf kindgerechte Ausdrucksweisen und entsprechendes Verhalten im Beisein des Kindes legen! Denn unser Gehirn denkt in Bildern: denken Sie jetzt bitte ganz bewusst NICHT an einen grauen Elefanten! Sehen Sie in diesem Augenblick das Bild eines Elefanten vor ihrem geistigen Auge? Richtig, denn: unser Unterbewusstsein kennt kein NICHT! Aus diesem Grund sind gute Umgangsweisen und positives Formulieren für das Kind sehr wichtig. Der Satz: „schmeiß bitte NICHT immer deinen Schulranzen in die Ecke" ist für das Unterbewusstsein des Kindes ein direkter Befehl, dies auch weiterhin zu tun!

Richtig sollte es lauten: stell BITTE Deinen Schulranzen auf seinen Platz in Deinem Zimmer. Überhaupt sollte der Fokus der Erziehung generell auf positive Bestätigung gelegt werden; leider wird das Kind in vielen Fällen bei negativen Verhaltenweisen über Bestrafung gemaßregelt und geprägt. Die meist theatralisch in Aussicht gestellten Folgeerscheinungen, wie zum Beispiel „Pass auf, gleich fällst Du hin!" erzeugen ebenfalls kontraproduktive Bilder im Kopf des Kindes und sorgen dafür, dass dieser Negativeffekt dann in vielen Fällen auch wirklich eintritt.

Hinweise sollten immer auf die positive Art erfolgen, in diesem Fall wäre es also viel besser das Kind zu motivieren: „Halt Dich gut fest, dann schaffst Du es ganz bestimmt!“

Um unerwünschte Verhaltensweisen bei Kindern positiv zu verändern, ist es generell viel erfolgreicher, notwendige Grenzen zu setzen und bei Nichtbeachtung oder Überschreitung die damit verbundenen Folgen erklärend aufzuzeigen. Natürlich müssen diese Maßnahmen dann auch konsequent umgesetzt werden, denn dadurch kann - nach einer häufigen Anzahl von Wiederholungen - eine gewünschte Verhaltensänderung beim Kind dauerhaft erreicht werden, was alle Beteiligten zufriedener und glücklicher sein lässt!

Fällt ein Kind durch lautes und bewegungsintensives Verhalten auf, wird leider heutzutage oft vorschnell die Diagnose ADS/ADHS (Aufmerksamkeitsdefizit-/Hyperaktivitätsstörung) gestellt, ohne die Grundveranlagungen und vor allem das Temperament des Kindes (4 Grundtemperamente: cholerisch, phlegmatisch, sanguinisch oder melancholisch) als wichtigen Faktor mit in Betracht zu ziehen. Erstaunlicherweise wird zum Beispiel das cholerische Temperament eines Erwachsenen und dessen entsprechende Verhaltensweisen (Wut, Zorn, lautes Geschrei und Aggressivität) von anderen oft anstandslos akzeptiert, aber wir sollten bedenken, dass auch ein cholerischer Erwachsener als Baby zur Welt kommt und natürlich seine veranlagten Verhaltensweisen schon im Kindesalter an den Tag legen wird! Früh übt sich, was ein Meister werden will! ;-)

Die Veranlagungen des Kindes spiegeln unter anderem auch die Lernthemen von Eltern und Bezugspersonen, deren Aufgabe es sein sollte, das Temperament des Kindes in dafür geeignete Kanäle zu lenken. Gute Ventile für Choleriker-Kinder, um aufgestaute Kraft und viel Dampf abzulassen, bieten verschiedenste Sportarten (Fußball, Karate, etc.) und vor allem viel Aufenthalt in der freien Natur; wenig bis gar nicht geeignet sind Fernseher und Computerspiele. Diese Beschäftigungen sollten unbedingt selektiert und zeitlich auf ein absolutes Minimum begrenzt werden. Absolut verboten sollten Spiele sein, bei denen es darum geht, andere Menschen oder Tiere zu töten!

Zum Thema Video- und Computerspiele gibt es eine sehr interessante Zusammenfassung im Buch „Die Kinder des neuen Jahrtausends" von Jan Udo Holey, der seine Bücher früher unter dem Pseudonym Jan van Helsing veröffentlicht hat. Er zitiert in seinem Buch einen Bericht des amerikanischen Oberstleutnant David Grossmann, Professor für Psychologie und Schießtrainer der US Army, der als Mitautor in einem Buchtitel forderte: „Hört auf, unseren Kindern das Töten beizubringen!"

Grossmann erklärt in seinem Bericht sehr anschaulich, wie die US Armee ihre Elite-Soldaten ausbildet. Da es wider die Natur des Menschen ist, seine Artgenossen zu töten, braucht es Jahre an hartem Training, um jemandem die „Fähigkeit" und den Willen zu töten beizubringen. In jedem gesunden Menschen ist eine biologische Hemmschwelle angelegt, die die Vernichtung der eigenen Art verhindern soll. Um diese Hemmschwelle zu überwinden, trainiert das Militär an sogenannten „Schusswaffensimulatoren", die man auch genauso gut „Tötungssimulatoren" nennen könnte. Durch das Schiessen auf bewegte Bilder, unter möglichst realistischer Nachbildung der Umgebung, wird der Ernstfall geübt.

Grossmann beschreibt das Üben an einem Tötungssimulator: „Der Beamte steht vor einem Schusswaffen-Übungssimulator und hält eine Schusswaffe in der Hand. Wenn er den Abzug betätigt, fährt der Schlitten zurück und er spürt den Rückstoss. Wenn er das Ziel auf dem Bildschirm trifft, fällt es um, wenn er es verfehlt, schießt das Ziel auf ihn. Nun gehen Sie in eine Spielhalle und spielen das Spiel „Zeitkrise". Sie halten dabei eine Pistole in der Hand, Sie betätigen den Abzug, der Schlitten fährt zurück, Sie spüren den Rückstoss. Sie treffen das Ziel und das Ziel fällt um. Wenn Sie das Ziel verfehlen, dann schießt das Ziel auf Sie. Das hier ist ein Mordsimulator! Es ist nicht mehr der Tötungssimulator für Einzelne (zum Beispiel Soldaten) die widerstrebend und unter besonderen Umständen eventuell töten müssen, sondern es handelt sich hier um ein Gerät, das sogar unseren Kindern zur Verfügung steht und dessen einziger sozialer Zweck darin besteht, dem Kind die Fähigkeit und den Willen zu töten beizubringen.

Im Gegensatz zu Soldaten oder Polizisten die möglicherweise ein paar Mal im Jahr das Schießen üben, machen unsere Kinder das manchmal Tag für Tag am Computer oder speziellen Spielekonsolen. Sie töten dabei jedes Lebewesen, das Ihnen vors

Rohr kommt bis ihnen die Ziele ausgehen oder die Munition. Bei den Spielen wird der erfolgreiche Mord durch das Gerät mit Anerkennung belohnt, sie bringen unseren Kindern bei, sich zu freuen und Witze zu reißen, wenn auf dem Bildschirm gestorben und gelitten wird.

Das Ergebnis ist einfach nur erschütternd und erschreckend. Die Unverantwortlichkeit derer, die damit ihr Geschäft machen, wenn sie unsere Kinder mit Geräten ausstatten, an denen Militärs und Polizei üben müssen, ist ungeheuerlich. Als „kleinen Nebeneffekt" machen diese Spiele unsere Kinder auch noch süchtig, da sich diese Tatsache jedoch umsatzfördernd auswirkt, wird sie nicht nur gerne in Kauf genommen, sondern muss sogar als beabsichtigt unterstellt werden." Zitat Ende

Müssen wir uns wirklich noch über die steigende Anzahl von jugendlichen und erwachsenen Amokläufern wundern, die das „Spiel" nicht mehr von der Wirklichkeit unterscheiden können? Sollte hier nicht unbedingt ein Riegel vorgeschoben werden, um unsere Kinder vor solchen Spielen und ihren Auswirkungen zu schützen? Wenn der Gesetzgeber dazu nicht in der Lage ist, muss dieser Schutz in erster Linie im Elternhaus und der Familie gewährleistet werden; es liegt an uns Erwachsenen, unseren Kindern einen verantwortungsbewussten Umgang mit Computern und anderen technischen Errungenschaften vorzuleben und ihnen grundlegend wichtige ethische und moralische Werte mit auf den Weg zu geben. Unser Geburtshoroskop kann dabei gute Dienste leisten und wichtige Hinweise liefern, um die harmonischen

Veranlagungen eines Kindes zu fördern und spannungsreiche Konstellationen abzumildern zur Förderung des Kindes und zum Segen für die ganzen Familie!

Modedroge Ritalin

Ritalin und ähnlich wirkende Medikamente zum „Ruhigstellen“ eines Kindes mit außergewöhnlichen (Wortinhalt: nicht gewöhnlich, wer bestimmt, was „gewöhnlich“ ist und was nicht?) und auffälligen Verhaltensweisen und Temperamentsausbrüchen hemmen und blockieren dessen natürliche Entwicklung und unterdrücken wertvolle geistige Fähigkeiten des Kindes.

Schädliche Nebenwirkungen werden oft billigend in Kauf genommen, obwohl aktuelle Forschungen bereits vermuten lassen, dass diese Nebenwirkungen - unter anderem - auch mögliche Auslöser von Krankheiten wie Alzheimer und Parkinson sein können!

Jan Udo Holey schreibt in seinem Buch „Die Kinder des neuen Jahrtausends“: „Gehirn-Scans an Versuchstieren zeigten, dass Ritalin – chemisch verwandt mit der Droge Speed – den Blutstrom in alle Hirnbereiche um 20 bis 30 Prozent senkt. Eine beunruhigende Erkenntnis, weil sie auf eine Schädigung des Gehirns hinweist. Die Droge Kokain verursacht übrigens eine ähnliche Hemmung des Blutstromes. Sind unsere Ritalin-Kinder also bereits kleine Junkey’s?

Haben Sie gewusst, dass viele staatliche Institutionen keine Mitarbeiter einstellen, die langjährig Ritalin und ähnliche Psychopharmaka-Drogen konsumiert haben, da man davon ausgeht, dass es sich bei diesen Menschen um tickende Zeitbomben handelt, deren zukünftige Verhaltensweisen unkalkulierbar sind? Leider werden unsere Mütter über diese „Vorsichtsmaßnahmen" nicht offiziell informiert, sonst würden sich manche davon gut überlegen, ob sie ihren Kindern wirklich dauerhaft diese Drogen-Medikamente geben wollen." Zitat Ende

Alternativ zum Ruhigstellen unserer Kinder mit Ritalin und Co. sollten wir uns vielmehr vor Augen halten, dass Kinder mit stark auffälligem Verhalten oft massive Konfliktthemen in ihrem Elternhaus spiegeln können, die Beachtung und Klärung finden wollen! In anderen Fällen lassen sich bei solchen Kindern auch versteckte Begabungen und Talente finden, die entwickelt und gefördert werden sollten, um die Entfaltung der kleinen Persönlichkeit unterstützend ins Positive zu lenken.

Der Blick in das Geburtshoroskop des Kindes kann oft hilfreiche Erkenntnisse und Verständnis für entsprechende Verhaltensweisen an den Tag bringen. Eine veränderte Betrachtungsweise in Kombination mit der Integration von fördernden Aktivitäten (z.B. ein Musikinstrument zu spielen) und Sport im Tagesablauf des Kindes kann viel bewirken und in manchen Fällen sogar ein Medikament ersparen. Wir alle sollten VERANTWORTUNGSBEWUSSTSEIN wieder groß schreiben, denn: unsere Kinder sind unsere Zukunft!

Gedanken zum Ausklang des Kapitels Astrologie

Die hier aufgezeigten Möglichkeiten und Erfahrungswerte sollen einen kleinen Einblick in das unglaublich große und umfangreiche astro*logische* Weltbild bewirken: denn für jeden Menschen, der sich Rat, Unterstützung oder Wegbegleitung auf Zeit wünscht und Antworten auf seine wichtigen Fragen sucht, die ihn während guter Zeiten oder während Krisenzeiten in seinem Leben bewegen, soll eine astro*logische* Beratung maßgeschneidert sein und seinem ureigenen und individuellen Wesen entsprechen.

Als verantwortungsbewusste Astrologin besteht meine überzeugte Arbeitsweise darin, die astro*logischen* Erkenntnisse mit den natürlichen Gesetzmäßigkeiten des Lebens abzugleichen und die weiterführenden Möglichkeiten des ganzheitlichen Coachings und der Heilenergetik in meine Arbeit mit Menschen miteinzubeziehen, um mit diesem einzigartigen Gesamtkonzept meine Klienten in ihren Herzensangelegenheiten bestmöglich unterstützen zu können!

KAPITEL
GANZHEITLICHE ERNÄHRUNG

Unser Körper: Das Heim für unsere Seele

Ich kann in diesem Kapitel leider nur auf ein paar grundlegende, aber in meinen Augen sehr wichtige Bausteine für eine ganzheitliche Ernährung eingehen und möchte meine Leser an dieser Stelle dafür um Verständnis bitten, da es sonst den Rahmen dieses Buches sprengen würde. Ich weise am Ende der einzelnen Absätze auf Bücher von namhaften Experten hin, die ich entweder persönlich kennenlernen durfte oder deren Erkenntnisse und Erfahrungen mich beeindruckt, bereichert und bestätigt haben. Ich empfehle ausschließlich die Produkte und Verfahren weiter, von deren Werthaltigkeit ich mich selbst überzeugt habe und die mich in meinem eigenen „Ernährungsalltag" begleiten! Für unsere ganzheitliche Entwicklung halte ich es für unerlässlich, unseren Körper so gut es geht mit naturbelassenen und „voll-wertigen" Lebensmitteln (Produkte die Leben vermitteln) zu versorgen, um dessen Funktions- und Regenerationsfähigkeit aufrechtzuerhalten und zu unterstützen. Es sollte uns unbedingt erlaubt sein, ab und an beim Essen zu „sündigen", aber die Basis muss stimmen!

„Mein Körper gehört mir!" Bestimmt haben Sie diesen Slogan schon gehört, und viele Menschen nehmen diese Begründung als Vorwand, um alle möglichen „körperlichen Entgleisungen" damit zu entschuldigen. Ich betrachte unseren Körper als ein

Geschenk, das unser Schöpfer uns als Werkzeug für diese Inkarnation geschenkt hat, für dessen Gesunderhaltung und Pflege wir nicht nur Sorge tragen sollen, sondern dazu sogar verpflichtet sind! Durch eine gesunde Ernährung in Kombination mit moderater Bewegung und einer achtsamen Umgangsweise mit diesem Wunderwerk der Natur können wir uns nicht nur viele Krankheiten und Gebrechen ersparen, sondern auch die Voraussetzungen schaffen, dass unsere Seele möglichst lange und gerne darin wohnen kann.

In diesem Kapitel möchte ich gerne allen interessierten Lesern ein paar kurze und komprimierte Anregungen und Impulse geben, die meine persönlich wertvollen Erkenntnisse und Erfahrungswerte beinhalten und wichtige Säulen für die ganzheitliche Ernährungsberatung in meiner Praxis bilden.

Generation XXL : Du bist, was Du isst!

Ein wichtiger Faktor für ganzheitliche Gesundheit bis ins hohe Alter ist ein guter Start ins Leben; aus diesem Grund werden in unseren ersten Lebensjahren wichtige Grundlagen gelegt. Werden diese Grundbedürfnisse nicht erfüllt, müssen wir uns in späteren Jahren umso mehr anstrengen, um entstandene Defizite wieder ins Lot zu bringen. Für die optimale Entwicklung eines Kindes ist neben liebevoller Fürsorge auch eine naturbelassene, werthaltige und vollwertige Ernährung von größter Wichtigkeit. Leider wissen viele Kinder, vor allem in unseren Großstädten, nicht mehr, wie bestimmte Früchte oder Gemüsesorten im Rohzustand aussehen.

Da sich in vielen Familien das Kochen auf das Aufwärmen von Fertigprodukten beschränkt und der Besuch im Fast-Food-Restaurant zur Gewohnheit wird, wächst in Deutschland mittlerweile eine „Generation XXL“ heran; darüber schreiben in regelmäßigen Abständen diverse Magazine und viele renommierte Zeitschriften. Die Medien berichten von dreieinhalb Millionen stark übergewichtiger Mädchen und Jungen, die im Erwachsenalter nicht selten an chronischen Krankheiten leiden, die nur schwer wieder in den Griff zu bekommen sind.

Sucht man nach Ursachen von fortschreitendem Übergewicht bis zur Fettleibigkeit von Kindern, lässt sich einer der Gründe in unserem völlig übersteigerten Konsum von Fleisch und Wurstwaren finden, was nachweislich aggressive Verhaltensweisen, sowohl bei Kindern als auch bei Erwachsenen fördert und sich somit nicht nur bei Cholerikern kontraproduktiv auswirkt.

Ein altes Sprichwort bezeichnet sehr treffend: „Du bist, was Du isst!“ Gesunde Ernährung kann im Prinzip sehr einfach sein und hat meiner Meinung nach nichts mit komplexen Diäten und extrem aufwendiger Zubereitung zu tun, was uns leider sehr oft von der Nahrungsmittelindustrie suggeriert wird. Auch das für uns lebensnotwendige Eiweiß muss nicht zwangsläufig tierischer Herkunft sein; pflanzliches Eiweiß bietet laut ganzheitlicher Ernährungsberatung nicht nur eine gute Alternative zu tierischem Eiweiß, sondern kann sogar besser für unseren Organismus sein, da pflanzliches Eiweiß optimal verstoffwechselt wird und unseren Körper nicht übersäuert und verschlackt.

Ich ernähre mich seit circa fünfzehn Jahren vegetarisch, ich vermisse weder Fleisch (schon als Kind wollte ich keine toten Tiere essen), noch zeigt mir mein Körper irgendwelche Mangelerscheinungen oder Ermüdungssymptome. Ich bewege mich auch sehr gerne und treibe regelmäßig Sport! Ich erfreue mich allgemein bester Gesundheit, war noch nie in meinem Leben ernsthaft krank und habe seit dieser Zeit keinen Arzt mehr konsultieren müssen. In meinen Augen ist eine gesunde Lebensweise in Kombination mit einer bewussten Ernährung die beste Prävention und eine gute Grundlage für Gesundheit bis ins hohe Alter!

Mein Tipp: Wer sich Anregungen zu vegetarischer oder veganer Ernährung holen möchte, die richtig Spaß macht, dem kann ich die Bücher von Attila Hildmann empfehlen, der mittlerweile die vegane Küche salonfähig gemacht hat. Seine Kochbuch-Titel lauten: „Vegan for fun“ und „Vegan for fit“.

Bumerang Massentierhaltung

Eine statistische Auswertung besagt, dass der durchschnittliche Pro-Kopf-Verbrauch des deutschen Fleischkonsumenten aktuell bei 80 kg pro Jahr liegt und dieser Bedarf wird zu 95 Prozent aus der Massentierhaltung gedeckt.

Wenn wir unseren gesamten Fleischbedarf in Deutschland ohne Import decken wollten, würden wir fünfzehn bis zwanzig Prozent mehr Ackerflächen benötigen, um das dafür erforderliche Tierfutter produzieren zu können. Wir können auch an der Tatsache nicht vorbei sehen, dass ein Großteil des Hungers in der dritten Welt gestillt werden könnte, wenn die westlichen Länder ihren Fleischkonsum einschränken würden. Rund ein Viertel des weltweit angebauten Getreides wird verwendet, um Tiere zu mästen, die später auf westlichen Tellern landen. Experten sehen darin eine riesige Verschwendung: Ohne Massentierhaltung könnten wesentlich mehr Menschen auf unserer Welt satt werden! Wer sich intensiver informieren möchte, findet schier unglaubliche Fakten in den persönlichen Berichten von Jan Ziegler, er war acht Jahre lang UN-Sonderberichterstatter für das Recht auf Nahrung. Sein beeindruckendes Buch trägt den Titel: „Wir lassen sie verhungern!"

Der durchschnittliche Deutsche hat heutzutage zwei bis drei Mal täglich Fleisch oder Wurst auf seinem Teller; erstaunlicherweise ist eines der ersten Dinge, die der Arzt einem chronisch kranken Patienten verbietet, dieser völlig übertriebene Fleischkonsum. Noch vor 40 Jahren wurde in den meisten Familien zweimal pro Woche Fleisch auf den Teller gebracht, die Tiere wurden artgerecht gezogen, ernährt und vor dem Schlachten gesegnet. Im heutigen Zeitalter der Massentierhaltung, in der jegliche Grenze von Ethik und Moral absolut überschritten wird, züchten wir in den „Tierfabriken" unvorstellbares Leid und tödliche Krankheiten. Leider verschließen immer noch viel zu viele

Menschen ihre Augen vor der Tatsache, dass diese Krankheiten in Folge der Wechselwirkung wieder auf uns zurück fallen, indem wir diese wieder auf unseren Teller bekommen.

Wir vergiften also nicht nur unsere Tiere, sondern auch uns selbst und nehmen mit den dadurch notwendig werdenden Medikamenten immer mehr Gifte zu uns, die immer mehr chronische Krankheiten verursachen und in einen Teufelskreis führen können. Ganz zu schweigen vom unsagbaren Leid, das wir auch als gedankenlose Verbraucher diesen Tieren zufügen. Der „Ex-Beatle" Sir Paul McCartney, der sich seit Jahren für die weltweit größte Tierrechts-Organisation PETA stark macht, ist überzeugt davon, dass nur die Grausamkeit von Bildern die Menschen dazu inspirieren kann, darüber nachzudenken, wo ihre Nahrungsmittel herkommen. Er regt dazu an, den Fleischverbrauch zu reduzieren und sagt überzeugt: „Wenn Schlachthöfe Wände aus Glas hätten, würde jeder Vegetarier werden!" Ich möchte ergänzend hinzufügen: ... dann würde jeder Mensch mit Herz und Gewissen Vegetarier werden!

Auch die Erzeugung unserer „Milchseen" und der Berge an Milchprodukten fällt in den Verantwortungsbereich unserer Massentierhaltung. Abgesehen davon, dass aus ganzheitlicher Sicht Milch und Co. keine Nahrung für einen erwachsenen Menschen sein kann und auch nicht vor Osteoporose schützen, sondern diese sogar fördern können, sollten wir uns die rasante Entwicklung der Milchindustrie einmal näher betrachten. Wussten Sie, dass noch vor dreißig Jahren eine Kuh durchschnittlich circa 650 Liter Milch gegeben hat, aber heutzutage eine sogenannte „Hochleistungskuh“ zwischen fünftausend und zehntausend Liter Milch produzieren muss? Diese schier unglaubliche Leistung ist natürlich nicht durch artgerechte Fütterung und Auslauf auf der grünen Wiese zu realisieren, sondern nur unter massiv verzerrten Lebensbedingungen und dem zusätzlichen Einsatz von Medikamenten zur Behandlung der oft chronisch kranken Kühe.

Die geborenen Kälber der ununterbrochen schwangeren Kühe sind willkommene Nebenprodukte und werden ein paar Wochen qualvoll am Leben erhalten bis sie dann geschlachtet und als möglichst weißes Kalbsschnitzel auf unserem Teller landen. Um diese Fleischfarbe zu „generieren“, dürfen sich die kleinen Kälber fast nicht bewegen und sie bekommen nur das zum Überleben unbedingt Nötigste zu trinken in ihrem kurzen Dasein, das man nicht wirklich als Leben bezeichnen kann. Ein unschöner Gedanke, aber die Augen vor der alltäglichen Realität zu verschließen und gedankenlos weiter zu konsumieren, hilft unseren geschundenen Tieren in der Massentierhaltung nicht weiter.

Solange wir als „gedankenlose Konsumenten“ die Massentierhaltung ermöglichen, müssen wir die krankhaften Folgen dieser grausamen Qualzucht auch wieder ernten, die wie ein Bumerang wieder zu uns zurückfinden! Wir können die Zeichen der Zeit auch in Form von Rinderwahn, Vogelpest und Schweinegrippe erkennen. Wäre es nicht wirklich an der Zeit, unsere Ernährungsgewohnheiten und unsere Verhaltensweisen gegenüber den leidgeplagten Tieren zu überdenken? Jeder von uns, der täglich Fleisch und Wurst konsumiert, ist mit verantwortlich für die Massentierhaltung; an dieser Erkenntnis führt kein Weg vorbei! Die Bereitschaft, bewusst hinzuschauen und die täglichen Essgewohnheiten zu hinterfragen und zu verändern, kommt nicht nur unseren leidgeplagten Tieren, sondern natürlich auch uns selbst zugute. Man muss nicht unbedingt Vegetarier werden, um seinen persönlichen Beitrag zu leisten; schon eine stückweise Umstellung unserer Ernährungsgewohnheiten kann viel bewirken!

Mein Tipp: Das Buch (oder die CD) „Peace-Food" des „Ganzheitsmediziners" Dr. Rüdiger Dahlke, in dem er auf eindrucksvolle Weise erklärt, wie unsere Ernährung uns krank machen oder heilen kann!

Gesunde Ernährung beginnt bereits beim Einkaufen!

Kennen Sie den Unterschied zwischen Nahrungsmitteln und Lebensmitteln?

Ein großer Teil unserer modernen „Verbrauchsgüter", die wir in Supermärkten kaufen können oder die uns in Restaurants und Fast-Food-Ketten angeboten werden, sind Nahrungsmittel, die unseren Appetit stillen und uns satt machen, aber leider keinen nennenswerten Beitrag für eine gesunde Ernährung leisten können. Im Gegensatz dazu sind naturbelassene und voll-wertige Lebensmittel wie der Name schon sagt, „Produkte die uns Leben vermitteln!"

Ein Großteil unserer Bevölkerung ernährt sich von Fast-Food, Junk-Food oder gar Frankenstein-Food, wie die Produkte aus der chemischen Hexenküche ironischerweise genannt werden, die ihre deutlichen Spuren der Vergiftung in unserem Organismus hinterlassen können. Wir wundern uns über die steigende Anzahl von Allergien, Mangelerscheinungen und chronischen Krankheiten, oft verursacht durch Fehlernährung bereits vom Kleinkind-Alter an, wo wir die Ernährung unserer Kinder bereits in die Verantwortung der Nahrungsmittelindustrie abgeben. Viele unserer Kinder wissen leider nicht mehr viel über gesunde Ernährung oder Freude an der Bewegung mit Spielgefährten an der frischen Luft; dafür sind sie Meister des Internets, des Videospiels und des Fernsehkonsums. Unsere Kinder lernen durch Beobachtung und Nachahmung: vielleicht sollten wir uns deshalb fragen, welche Beispiele wir wirklich für unsere Kinder abgeben und unsere Ernährungs-Gewohnheiten überdenken?

Eines der Parade-Beispiele für clevere Vermarktung in unserer modernen Zeit sind industrielle „Gesundheitsprodukte". Obwohl sie ihre Werbeversprechen nicht einhalten können, lassen sie sich trotzdem in vielen Kühlschränken wiederfinden in Form künstlich erzeugter Fruchtjoghurts mit „wertvollen Darmbakterien" oder ähnlichen Produkten, die angeblich „so wertvoll wie ein kleines Steak" sein sollen und die viele von uns ohne zu hinterfragen bedenkenlos konsumieren. Wir sollten wieder besser unterscheiden lernen, dass chemisch produzierte Waren allen Gesetzmäßigkeiten der Natur widersprechen und oft extreme gesundheitsschädliche Auswirkungen für uns haben können.

Aber wenn uns doch die Werbung täglich suggeriert, dass etwas gesund ist, dann müssen wir das selbstverständlich auch glauben - oder was meinen Sie? Ein humorvoller Hinweis von vielen Fachleuten, die sich mit gesunder Ernährung befassen, lautet: kaufen Sie nichts wofür im Fernsehen und in Illustrierten geworben wird, dann sind Sie schon mal auf der sicheren Seite! ;-)

Sie fragen sich jetzt vielleicht ernsthaft, was wir denn überhaupt noch unbedenklich essen können? Meiner Meinung nach darf gesunde Ernährung nicht kompliziert, sondern kann wirklich sehr einfach sein und sogar großen Spaß machen. Wir sollten wieder einfachere, traditionelle und vor allem naturbelassene Produkte bevorzugen, wie zum Beispiel Sauerrahm-Butter (Bitte keine Margarine! Vorsicht: Plastik!), denn Butter kann sowohl als Brotaufstrich, als auch hervorragend zum Kochen und Braten verwendet werden. Auch wenn viele Veganer jetzt aufstöhnen: ich bin überzeugt, dass wir Eier und frische Sahne genussvoll essen können, natürlich nur, wenn sie aus biologisch artgerechter und verantwortungsbewusster Tierhaltung stammen! Wenn wir als Konsumenten ausschließlich Bezugsquellen auswählen, die darauf achten, dass unsere Tiere ein wirklich gutes Leben führen können, dann (aber nur dann!) dürfen wir diese wertvollen „Lebensmittel“ (Ich wiederhole: Produkte die uns Leben vermitteln!) auch mit gutem Gewissen genießen.

Nicht nur für Tierliebhaber, sondern für alle Menschen mit Sinn für Ethik und Moral, sollte es eine Selbstverständlichkeit sein, nur Eier von „glücklichen Hühnern" aus Freilandhaltung zu kaufen und auf keinen Fall die Eier von lebenslang gequälten Tieren aus dem Massen-KZ. Als bewusste Einkäufer und Verbraucher haben wir die Macht, solchen Produktions-Fabriken die Grundlage zu entziehen, indem wir diese Produkte einfach nicht mehr kaufen und somit diesen Irrsinn nicht länger finanziell unterstützen.

Mein Verbraucher-Tipp: in Bioläden einkaufen, Bauernmärkte besuchen, regionale Produkte von Kleinerzeugern bevorzugen und/oder sich im Internet über bio-zertifizierte und vertrauenswürdige Hersteller informieren, deren Produkte man mit wirklich gutem Gewissen kaufen kann.

Mein Lese-Tipp: Die Heilpraktikerin und Autorin Christina Weiskopf präsentiert in ihrem empfehlenswerten Buch „Abenteuer Essen" neben anderen spannenden Fakten eine umfangreiche Liste der Inhaltsstoffe von bekannten Produkten, die uns die Nahrungsmittelindustrie sehr geschickt verpackt unterjubelt!

Zwei Bausteine des Lebens: Wasser und Salz

Wussten Sie, dass in östlichen Ländern Patienten im Wartezimmer erst ein bis zwei Liter naturreines Wasser trinken müssen, um überhaupt Zutritt zum Sprechzimmer des Arztes zu bekommen? In vielen Fällen verschwinden durch Dehydrierung bedingte Symptome und Beschwerden von ganz allein nur durch das Trinken von unbelastetem Wasser. Interessant, nicht wahr? Leider trinken viele Menschen, vor allem in den westlichen Ländern, viel zu wenig Wasser. Reines Wasser dient hauptsächlich dazu, unsere Zellen zu ernähren und überflüssige Schlacken abzutransportieren. Stellen Sie sich vor, ein Mensch hat bereits beide Hände und Arme voller Dinge und es wird ihm noch zusätzlich eine Tüte Müll in den Weg gestellt, die er noch kurz zur Abfalltonne bringen soll: voll bepackt ist er leider nicht in der Lage, diese Tüte noch mitzunehmen, er muss sie also erst einmal stehen lassen, wo sie ist. Das Gleiche passiert in unserem Körper: nur sauberes Wasser ist in der Lage, unseren Körpermüll mitzunehmen und ordentlich zu entsorgen.

Jeder Mensch weiß: Ohne Wasser ist kein Leben möglich! Aber anstatt sauberes Wasser zu trinken, konsumieren heutzutage viele von uns lieber chemisch hergestellte Mixgetränke, wie Limonade, Cola, Energydrinks und oder moderne Wellnesspräparate und wundern sich, warum ihr Körper manchmal schon in jungen Jahren Krankheitssymptome zeigt, die deutlich mit Wassermangel in Verbindung stehen.

Die Gewinnorientierung unserer Nahrungsmittelindustrie hat es auch geschafft, uns zu suggerieren, dass Wasser nur seinen echten Geschmack entfalten kann, wenn es auf unsere Zunge so schön prickelt! Ich finde es im wahrsten Sinne des Wortes für „geschmacklos“, unser wertvolles sauberes Wasser mit schädlicher Kohlensäure zu versetzen, weil es dadurch nicht nur Aufstoßen, Völlegefühl oder Blähungen verursachen, sondern unseren gesamten Organismus stark belasten kann. Kohlensäure ist, wie schon der Name sagt, sauer! Säuren haben wir jedoch durch unsere meist ungesunde Lebensweise schon viel zu viele im Körper. Unsere Magenschleimhaut kann durch die Gasbläschen des CO2 gereizt werden, so dass es bei empfindlichen Menschen sogar zu Magenschleimhautentzündung kommen kann und auch unsere Nieren können zusätzlich beansprucht werden. Außerdem kann Kohlensäure die Gefahr verstärken, dass sich die anorganischen Mineralien mit anderen Stoffen verbinden, die sich dann in unseren feinen Blutgefäßen oder auch in unserem Gehirn absetzen.

In jedem Lebensalter können durch falsches oder zu weniges Trinken große Mangelerscheinungen entstehen, was langfristig unsere Organe schädigen und zu Verdauungsproblemen, Stoffwechselstörungen oder anderen Symptomen führen kann. Auch Bindegewebsschwächen und vorzeitige Hautalterungserscheinungen können ein sichtbares Zeichen von zu wenig Wasser im Organismus sein.

Wassertrinken ist natürlich in jedem Alter „lebenswichtig“, aber besonders im hohen Lebensalter sollten wir ein noch größeres Augenmerk auf eine ausreichende Wasserversorgung legen. Zwei Drittel aller Menschen in Altenheimen sind dehydriert; akuter Wassermangel im Gehirn trägt unter anderem zur Entstehung und Förderung von Krankheiten wie Demenz und Alzheimer bei.

Mein Tipp: Der japanische Parawissenschaftler und Alternativmediziner Masaru Emoto hat sein Lebenswerk der Erforschung von Wasser gewidmet. Er erklärt uns in seinen Büchern, daß uns natürliches und „gut informiertes" Wasser heilen kann, aber „negativ informiertes" Wasser auch zerstörerische Auswirkungen haben kann. Mehr Informationen dazu finden Sie im Kapitel „Lebensfragen" unter dem Absatz „Die Macht des Segnens".

Ein weiteres lebensnotwendiges Grundbedürfnis unseres Körpers ist wert-volles naturbelassenes Salz! Damit ist allerdings nicht unser handelsübliches weißes Speisesalz gemeint, besser als Natriumchlorid bezeichnet, das aus Verkaufsgründen auch oft zusätzlich mit Jod, Aluminium oder Fluor versetzt wird.

Schon die dauerhafte Verwendung von Natriumchlorid allein kann zu massiven Gesundheitsproblemen führen, mit Fluor, Aluminium oder Jod gemischt kann diese Verbindung allerdings noch größeren Schaden anrichten!

Fluorzugaben werden heutzutage nicht nur in Amerika ins Leitungswasser gemischt, um damit die Bevölkerung zu manipulieren, da Fluor nachweislich dazu beiträgt, Menschen „ruhigzustellen". Sollte sich dahinter irgend eine Absicht verbergen? Ein Schelm, wer Böses dabei denkt! ;-)

Mit Jod sieht es leider nicht besser aus, wenn Sie mehr Details über dieses Thema wissen möchten, dann kann ich Ihnen das interessante Buch: „Die Jodlüge - Das Märchen vom gesunden Jod" von Dagmar Braunschweig-Pauli empfehlen. Die Rieselhilfen aus Aluminium in unserem überall gebräuchlichen weißen Speisesalz können irreparable Schäden in unserem Gehirn anrichten und rieseln vielen von uns, spätestens im fortgeschrittenen Alter, in Form von Alzheimer, Demenz und Parkinson wieder aus der Nase. Tatsachen, von denen ganzheitlich orientierte Therapeuten schon viele Jahre überzeugt sind, betrachten wissenschaftliche Studien mittlerweile als „wahrscheinlich“ und weisen zaghaft auf gesundheitliche Zusammenhänge hin. Aus ganzheitlicher Ernährungsberatungs-Sicht hat weißes Speisesalz in einer Küche, in der gesunde Speisen gekocht werden sollen, rein gar nichts zu suchen! Es eignet sich, laut dem bekannten Autor Peter Ferreira, bestenfalls im Winter im Freien zum Schneeschmelzen! ;-)

Reines Kristall-Salz hat nicht nur eine wunderschöne rosa Farbe, sondern wir dürfen dieses Salz auch unbedenklich genießen und können mit gutem Gewissen damit würzen. Naturreines Salz und Sole (in Wasser gelöstes Salz) unterstützt die Versorgung der Zellen mit Mineralien und Spurenelementen, hilft bei der Ausscheidung von Giftstoffen und kann unsere Abwehrkräfte stärken!

Mein Tipp: Das Hörbuch „Wasser und Salz“ von Biophysiker Peter Ferreira, das jeder mittlerweile auch auf YouTube finden und anhören kann! Ferreira erklärt auf absolut spannende und leicht verständliche Art und Weise, dass die beiden grundlegend wichtigen Dinge zur Erhaltung oder Wiederherstellung unserer Gesundheit reines Wasser und naturbelassenes Salz sind! Das Audiobuch eignet sich auch hervorragend für längere Autofahrten oder auf Reisen. Der umwerfende „Rundum-Aha-Effekt“ ist dabei gratis und inklusive! ;-)

Übergewicht und Krankheiten durch Übersäuerung?

Unser Säure-Basen-Haushalt ist eine weitere grundlegend wichtige Säule für den Gesunderhalt unseres Körpers oder für dessen Regeneration. Unsere Ernährung sollte aus ganzheitlicher Sicht zu siebzig Prozent aus basenbildenden Lebensmitteln stammen und nur zu 30 Prozent „säurelastig“ sein. In unserer modernen Zeit ernähren sich jedoch die meisten von uns bis zu neunzig (90!) Prozent von „säure-bildenden“ Speisen. Können in unserem Organismus durch falsche Essgewohnheiten zu viele Säuren entstehen, dann müssen diese mit Mineralien neutralisiert werden, wenn unser Körper davon langfristig keine Schäden davontragen will. Fehlen uns diese wichtigen Mineralien, die wir wiederum nur aus basischen Grundnahrungsmitteln gewinnen können, was bei den meisten Menschen der westlichen Welt und den damit verbundenen Essgewohnheiten der Fall ist, dann legt unser Organismus sogenannte „Säureschlackendepots“ an, die sehr oft mit Fett verwechselt werden und die übrigens auch sehr schlanke oder dünne Menschen bekommen können.

Unser Körper ist ein wahres Wunderwerk der Natur und trennt unsere zugeführte Nahrung in „verwertbares Material“

und in „Sondermüll“, den der Organismus dann unter großer Anstrengung entsprechend zu entsorgen hat. Viele dieser nicht ausscheidbaren „Schlackenstoffe“, die durch viel zu viele Säuren in unserem Körper entstanden sind, werden als „Sonderdeponien“ in den verschiedenen Körperregionen oder unseren Organen „ablegt“. Im schlimmsten Fall werden diese Depots – oft äußerlich nicht sichtbar - an unseren Organen oder an den Knochengelenken abgelegt, was langfristig noch sehr viel schlimmer und schmerzhafter ist, als wenn diese Schlackenstoffe in unserem Bindegewebe gespeichert werden. Diese Säureschlackendepots sind nicht nur verantwortlich für Cellulite bei Frauen oder für Haarausfall beim Männern (sehen Sie sich mal um, wie viele junge Männer wir mit Glatze oder Teilglatze finden, die Zahlen sind wesentlich höher als in früheren Jahren, aber Skin ist ja bekanntlich in!), sondern generell für unglaublich viele chronische Krankheiten und Allergien aller Art, die viele von uns im Lauf ihres Lebens entwickeln. Auch vorzeitige Alterungserscheinungen, Wechseljahresbeschwerden der Frau oder viele Symptome unserer „Zivilisationskrankheiten“ lassen sich durch einen ausgewogenen Säure-Basen-Haushalt oft auf völlig natürliche Weise wieder ins Lot bringen.

Eine massive Übersäuerung unseres Körpers kann allerdings nicht nur durch unsere falsche Ernährung, sondern auch durch unsere „saueren“ Gedanken, durch übergroße Ängstlichkeit oder aufgrund einer pessimistischen Lebenseinstellung erfolgen! Unser Organismus spiegelt uns eins zu eins, was in unserem Inneren vorgeht: wie innen so außen! Mit der Änderung unserer

Sichtweisen und Einstellungen können wir jedoch bei den meisten „gedanklichen“ Übersäuerungssymptomen sehr erfolgreich gegensteuern. Fokussieren wir uns dann noch zusätzlich auf werthaltige und vollwertige Lebensmittel und auf die eminent wichtige Versorgung unseres Mineralienhaushalts, dann kann unser Organismus, der einen natürlichen Bio-Computer der Superlative darstellt, alle nötigen Grundprogramme durchführen, die wir zum Erhalt oder der Wiederherstellung unserer Gesundheit benötigen.

Mein Tipp: Das Buch „Gesundheit durch Entschlackung“ von Peter Jentschura, der sein ganzheitlich orientiertes Wissen und seine wert-vollen Erfahrungen seit über 30 Jahren in Form von Büchern und Seminaren weitergibt! Detaillierte Lebensmittel-Listen für Säuren und Basen können Sie in den Büchern von Peter Jentschura oder jederzeit zugänglich überall im Internet finden.

Ölwechsel für unseren Körper

Gute Öle sind ein weiterer wichtiger Bestandteil einer gesunden Ernährungsweise. Leider machen viele von uns einen riesengroßen Bogen um Fett in ihrer Ernährung, sie greifen bevorzugt zu Light- und Low-Fat-Produkten und wissen gar nicht, welchen Schaden sie sich dabei zufügen können! Diese Produkte beinhalten neben vielerlei chemischen Substanzen auch künstliche Süßstoffe, die in der Tierzucht als Masthilfsmittel eingesetzt werden, da sie sehr appetitanregend wirken.

Der kanadische Ernährungsexperte Dr. Udo Erasmus hat in seiner Veröffentlichung „Fit mit Fett“ schon vor vielen Jahren auf die unverzichtbaren Vorteile von gesunden Fetten hingewiesen und fordert vehement einen gesunden „Ölwechsel für unseren Körper“. Nach seiner Erfahrung machen wertvolle Fette und Öle nachweislich nicht dick, sondern können sogar beim Abnehmen helfen! Auch unsere Augen und Nerven sind abhängig von hochwertigen Fetten und unser Gehirn, das zu einem großen Teil aus Fett besteht, braucht unbedingt Omega-3-Säuren für ein gutes Denk- und Konzentrationsvermögen. Omega-3- und Omega-6-Fettsäuren sind lebensnotwendig für uns. Unser Körper kann sie nicht selbst herstellen, wir müssen deshalb darauf achten, die beiden mehrfach ungesättigten Fettsäuren über die Nahrung zu uns zu nehmen. Omega-3 Fettsäuren können uns nicht nur vor Herzinfarkt, Schlaganfall oder Diabetes schützen, sondern auch bei Rheuma, Arthritis oder anderen Krankheiten helfen.

Durch schlechte Fette, die uns leider überall angeboten werden, können sogenannte „Transfettsäuren“ entstehen, die uns neben anderen Beschwerden auch drastisch auftretende Verdauungsprobleme bescheren können. Diese extrem schädlichen „Killerfette“ finden wir in fast allen Fertiggerichten und sie können langfristig unsere Gesundheit massiv beinträchtigen. Laut Erasmus sind die meisten Öle aus den Angeboten unserer Supermärkte durch die schädlichen industriellen Herstellungsverfahren nicht nur wertlos geworden, sondern können sogar Gift für unseren Stoffwechsel sein! Die meisten der angebotenen Öle sollten auch nicht erhitzt werden, da unser Körper sie sonst nicht mehr verwerten kann. Zum Kochen eigen sich nur ganz bestimmte Fette wie Kokosöl, Erdnussöl oder unsere gute Butter, andere Öle sollten wir sehr genau und kritisch auswählen und nur für Salate oder für die kalte Küche verwenden.

Mein Tipp: Das Buch „Ölwechsel für Ihren Körper" von Udo Erasmus. Er räumt in seinem spannenden kleinen Buch mit gängigen Vorurteilen gegenüber Fett auf und unterscheidet durch seine fundierten Erfahrungswerte in „fat that heals and fat that kills!" (Fette die heilen und Fette die töten!)

Fazit: Um gesund und leistungsfähig zu sein und sich mit allen unseren Sinnen weiter entwickeln zu können, sind meines Erachtens eine ausgewogene Ernährung und eine ganzheitlich orientierte Lebenseinstellung wichtige Grundvoraussetzungen. Leider kann ich in diesem Buch nicht auf alle wichtigen Einzelheiten zum Thema „ganzheitliche Ernährung" eingehen! Ich überlasse dieses Fachgebiet gerne den Menschen, die sich in dieser Hinsicht berufen fühlen.

TIME FOR CHANGES

KAPITEL
GANZHEITLICHES COACHING

Das Leben ist Veränderung

Haben Sie schon einmal gehört, dass es Millionen von lebenden Toten gibt? Nein, ich spreche jetzt nicht von den Zombiefilmen, sondern von Menschen, die mit Ende Zwanzig bereits sterben, aber erst mit circa fünfundsiebzig Jahren beerdigt werden. Wie soll man das verstehen? ;-)

Im Alter von knapp 30 Jahren ist bei den meisten Menschen der Beruf gewählt, man hat geheiratet, vielleicht sein Haus gebaut und sich damit Jahrzehnte an den Bausparvertrag gekettet; bei vielen Menschen ist hier Schluss mit Veränderung! Diese Menschen bleiben irgendwo stehen und machen dann den Eindruck, dass sie bereits zwanzig Jahre älter sind, als auf ihrem Ausweis steht. Statistiken besagen: Die Angst vor Veränderung lässt Wachstum und neue Möglichkeiten nicht mehr zu!

Zahlreiche Erfolgslehrer und Mentaltrainer bringen auch oft den Vergleich, dass sehr viele Menschen ein „totes Pferd reiten". Wir sollten uns das einmal bildlich vorstellen: Wir sitzen im Sattel auf einem toten Pferd und kommen dadurch nicht von der Stelle. Wir müssten eigentlich nur absteigen und unseren Weg zu Fuß fortsetzen, doch viele von uns können sich diese Entscheidung nicht abringen und kommen dadurch oft jahrelang oder gar jahrzehntelang nicht von der Stelle!

Doch Stillstand bedeutet letztendlich Rückschritt, denn das Leben besteht aus Fortschritt und Veränderung. Meiner Überzeugung und Erfahrung nach besteht eine natürliche Gesetzmäßigkeit: entweder bewegt sich der Mensch selbst und hat dadurch die Möglichkeit, seine eigene Richtung zu bestimmen oder er verfällt in Lethargie (man könnte es auch Bequemlichkeit nennen) und wartet ab, wann und wie er dann in natürlicher Folge vom „Leben“ bewegt werden wird. Dieses Abwarten beinhaltet allerdings die große Gefahr, dass die Richtung eine andere ist, als man sich selbst ausgesucht hätte!

Aus persönlicher Wissbegierde und um den - zwar gut gemeinten aber trotzdem leider manchmal sehr schmerzhaften - Schicksalsschlägen nicht allzu viel Gelegenheiten zu bieten, versuchte ich in den letzten beiden Lebensjahrzehnten meist freiwillig meine Lernaufgaben anzunehmen. Das Leben bot mir ein paar Jahre nach meiner astro*logischen* Ausbildung eine weitere Gelegenheit zur Veränderung und ich absolvierte eine Zusatzausbildung zum Life-Coach, um noch tiefer in die faszinierende Welt der menschlichen Psyche blicken zu können.

Ich finde es sehr wichtig, sich zu gegebener Zeit zu verändern und/oder sich weiterzubilden: denn dadurch konnte ich geeignete Fachausbildungen mit werthaltigen Methoden in meine Beratungspraxis integrieren, die sowohl die ganzheitliche und spirituelle Perspektive beinhalten, als auch wissenschaftliche Erkenntnisse und Forschungsergebnisse mit einbeziehen, um meinen Klienten bestmöglich zur Seite stehen zu können.

Die Macht unseres Unterbewusstseins

Wussten Sie, dass unser Tagbewusstsein nicht einmal 3 Prozent unseres gesamten Bewusstseins ausmacht?

Wussten Sie, dass in unserem Unterbewusstsein über 97 Prozent aller „Programme" automatisch ablaufen?

Als ich diese schier unglaubliche Tatsache das erste Mal hörte, hat mich diese Erkenntnis schwer beeindruckt! Hier eine Frage an alle, die einen Führerschein haben: können Sie sich noch erinnern, wie schwierig die erste Fahrstunde war? Motor starten, Kupplung treten, Bremse, Gaspedal, Spiegel schauen, auf andere Autos, Personen und Verkehrszeichen achten und so weiter und so fort und das alles fast gleichzeitig? Die erste Fahrstunde erforderte eine wahre Höchstleistung an Konzentration! Und wie fahren Sie jetzt Auto? Ist es Ihnen auch schon passiert, dass Sie von A nach B fahren und sich in Gedanken bei einem ganz anderen Thema befinden, weil das Autofahren an sich ganz automatisch funktioniert?

Dies ist ein Beispiel für ein automatisch ablaufendes Programm, das selbständig von unserem Unterbewusstsein gesteuert wird. Wir haben diesen Ablauf nach einer bestimmten Anzahl von Wiederholungen ganz einfach „intus" und wir reagieren instinktiv. Auf gleiche Art und Weise verankern sich allerdings unzählig große Mengen an verschiedensten „Programmen" in unserem unbewussten Speichermedium.

Genau so gut, wie sich aus unseren positiven Erfahrungen aufbauende Programme entwickeln, so entstehen durch negative Erfahrungen, Verletzungen oder traumatische Erlebnisse unsere destruktiven Verhaltensmuster.

Die Grundlagen für diese Prägungen können schon vorgeburtlich im Mutterleib oder in unserer frühen Kindheit entstehen und begleiten uns ungefragt bis ins hohe Lebensalter. Bei uns allen finden sich deshalb prägende Glaubenssätze und selbsttätig ablaufende Verhaltensmuster, die uns daran hindern können, unsere Stärken zu leben und belastende Verhaltensweisen oder ungesunde Lebensgewohnheiten zu verändern. Unsere Gedanken, Gefühle, Vorstellungen, Ängste und Sorgen sind Grundlagen für unsere persönlichen Wahrnehmungen und Sichtweisen der Welt und bestimmen einen Großteil unseres Lebens.

In Krisensituationen drehen sich unsere Gedanken ständig um ein bestimmtes Problem, für das wir dringend eine Lösung suchen. In vielen Fällen gleicht unser Gedankenkarussell einer negativen Abwärtsspirale, die uns emotional immer tiefer nach unten ziehen kann. Doch wie kommen wir davon wieder los?

In meiner Ausbildung zum Life-Coach durfte ich lernen, meine Klienten von Konflikten und Problemen wegzuführen und Raum für positive Veränderung zu schaffen. Im ganzheitlichen Coaching geht es darum, Menschen zu unterstützen, die den festen Willen haben, eine notwendige Veränderung in ihrem Leben zuzulassen und bereit sind, etwas dafür zu tun!

Herausfordernde Lebensumstände und hinderliche Grundeinstellungen können manchmal schon durch eigene Erkenntnisse und Einsichten positiv verändert werden, was einen größeren Blickwinkel ermöglicht und manche Dinge in einem völlig anderen Licht erscheinen lässt. Es geht nicht darum, einen ratsuchenden Menschen zu „belehren", sondern liebevolle Unterstützung und Hilfestellung zu bieten, um dessen eigene Fähigkeiten zu stärken, was letztendlich die Hilfe zur Selbsthilfe bedingt. Die Übernahme der Verantwortung für unser eigenes Leben kann einen fühlbaren Energieschub mit sich bringen und uns sogar ermöglichen, wichtige persönliche Ziele in absehbarer Zeit zu verwirklichen.

Erfolgreich durch konkrete Ziele

Haben Sie Ziele im Leben? „Selbstverständlich habe ich Ziele" wird Ihre Antwort lauten! Selbstverständlich? In einer renommierten Zeitschrift konnte man vor ein paar Jahren das Ergebnis einer repräsentativen Umfrage nachlesen. Die Frage lautete: Haben Menschen Ziele? Wer hat welche Ziele? Das Ergebnis war niederschmetternd: weniger als 5% aller befragten Menschen hatten wirklich konkrete Ziele! Die meisten Menschen wissen zwar ganz sicher, was sie NICHT wollen, können aber leider nicht genau formulieren, was sie KONKRET wollen. Die Antwort auf die Frage nach Zielen lautet oft: reich, gesund und glücklich! (Finden Sie es nicht auch seltsam, dass sich viele Menschen Reichtum vor Gesundheit wünschen?) Leider sind solche

Aussagen keine definierten Ziele, sie sind viel zu pauschal und nicht realistisch genug. Jeder Mensch hat davon eine andere Vorstellung, deshalb bleiben solche Ziele oft unerreichbar!

Ein weiteres, relativ häufig genanntes „Ziel“ ist auch, mehr Zeit für sich zu haben oder gar nicht mehr arbeiten zu müssen. In diesem Zusammenhang sollten wir uns die Frage stellen, ob es ein wirklich erstrebenswertes Ziel sein kann, mit spätestens 65 Jahren in Rente zu gehen, denn OHNE weiterführende und sinnvolle Ziele würde dies den Stillstand für uns bedeuten und damit letztendlich Rückschritt. Schon die alten Philosophen haben erkannt: von dem Zeitpunkt an, wo der Mensch keine Ziele mehr hat, da beginnt der Sterbeprozess.

Sie brauchen sich ja nur die Statistiken des Ruhestandes anzusehen: was glauben Sie, wie viele Rentner können ihr langersehntes Ziel wirklich hinreichend genießen? Die Sterberate nach Renten– oder Pensionsbeginn ist erschreckend hoch, die von Frührentnern übrigens noch höher! Die Universität Rostock – Institut für Volkswirtschaftslehre - hat dazu eine interessante Studie veröffentlicht mit dem Titel: „Länger arbeiten – Länger leben?“ Bitte verstehen Sie mich richtig: ich will damit nicht sagen, dass ich es besser finde, das Renteneintrittsalter auf 70 zu erhöhen, NEIN, es geht mir vielmehr darum aufzuzeigen, dass nach Beendigung des Berufes (egal in welchem Lebensalter) ein oder besser noch mehrere sinn-volle Lebensziele, die noch auf Erfüllung warten, unsere Lebenserwartung um viele Jahre nach oben schrauben können!

Apropos Lebenserwartung: Wir haben zwar heutzutage generell eine viel höhere Lebenserwartung als in früheren Jahren, aber um welchen Preis? Es gab noch nie so viele depressive und chronisch kranke Menschen wie in unserer „modernen" Zeit.

Das heißt übersetzt: wir werden zwar immer älter, aber in den letzten Lebensjahrzehnten leider auch immer kränker und pflegebedürftiger! Doch aus ganzheitlicher Sichtweise muss es nicht sein, dass unsere ständigen Begleiter in den letzten Lebensjahren Krankheit und Demenz heißen; dieses Stadium ist letztendlich ein Produkt vieler Faktoren, wozu unter anderem auch eine, über viele Jahre hinweg andauernde, ungesunde Ernährungsweise und eine dauerhafte Einnahme von Medikamenten, durch gezielte Manipulation der Pharmaindustrie, ein gutes Stück beitragen. Die gute Nachricht ist: jeder von uns kann etwas tun, indem er seine Eigenverantwortung erkennt und sich möglichst frühzeitig auf eine ganzheitlich gesunde Lebensweise konzentriert, denn damit tragen wir einen - nicht zu unterschätzenden - Teil bei, für den Erhalt unserer Gesundheit und ein erfülltes Leben auch im fortgeschrittenen Alter zu sorgen.

Übrigens: Die deutlich höhere Lebenserwartung der Frauen gegenüber den Männern, die immer auf den Durchschnitt berechnet wird, ist für mich ein Zeichen, dass Frauen sich nicht ganz so intensiv wie Männer mit ihrem Beruf identifizieren. Frauen leben ihre Interessen parallel zum Arbeitsfeld stärker als das männliche Geschlecht und haben weiterführende Ziele häufig in unmittelbarer Blickrichtung. Deshalb ist nach

Beendigung der beruflichen Tätigkeit der „Absturz“ beim weiblichen Geschlecht nicht ganz so tief.

Man(n) sollte darüber nachdenken!

Die Auswirkungen unserer Gedanken

Was kann uns dabei helfen, unsere ersehnten Ziele auch zu verwirklichen?

Der erste Schritt um zu bekommen, was man will, heißt zu wissen, WAS man wirklich will! Je konkreter und detaillierter das Ziel gedanklich vorstellbar ist, desto erfolgreicher kann das Gewünschte realisiert werden.Leider hindern uns viele automatisch unterbewusst ablaufende „Programme“, die meist schon in der frühen Kindheit entstanden sind, an der notwendigen Vorgehensweise. Prägende Gedanken und Lebenseinstellungen, wie: Geld muss man sich hart verdienen, Anerkennung kriegt man nicht geschenkt, Reichtum macht nicht glücklich, das Leben ist kein Kinderspiel, usw. hindern uns oft daran, mit der nötigen Leichtigkeit oder auch kindlichen Einfachheit an die Umsetzung unserer Vorhaben heranzugehen und das zu erreichen, was wir uns wirklich für unser Leben wünschen.

Unsere Gedanken sind Energie in Form von Schwingung und wissenschaftlich nachweislich messbar. Wissenschaftliche Untersuchungen, besonders aus dem Bereich der Epigenetik liefern zeitgemäße und spektakuläre Erkenntnisse: Unsere Gedanken manifestieren unsere Realität!

Dazu ein einfaches Beispiel: viele Menschen richten ihre Aufmerksamkeit vor allem auf das Negative, es wird schlecht geredet, schwarz gesehen, Schlimmstes erwartet und der Mensch wundert sich, wenn er genau diese Dinge in Form von Menschen und Situationen, dem Gesetz der Resonanz zufolge, das auch die Anziehung der Gleichart genannt wird, in sein Leben zieht. Energie folgt unserer Aufmerksamkeit und bewertet nicht positiv oder negativ, sondern bestätigt uns immer nur in der eigenen Denkweise: deshalb sind wir, was wir denken!

Wenn wir glauben, die Menschen sind alle schlecht, dann werden wir in natürlicher Folge viel mit genau solchen Menschen zu tun haben. Wenn wir allerdings davon überzeugt sind, dass das Leben es gut mit uns meint und jeder Tag eine Fülle an positiven Überraschungen und Möglichkeiten für uns bereit halten kann, dann geben wir damit unserem Leben eine große Chance, uns diese auch in Wirklichkeit zuzuführen. Wir haben die Entscheidung täglich selbst in unserer Hand! Wir finden die Bestätigung dieser Einstellung schon in den Worten von Jesus, der uns mit auf den Weg gegeben hat: „Dir geschehe nach Deinem Glauben!“ Dieser „Glaube“, der nachweislich Berge versetzen kann, gilt nicht nur für religiöse Dinge, wie uns die Kirchen immer „glaubhaft“ machen wollen. Unser Glaube sollte stattdessen die Grundlage unserer generellen Lebenseinstellung für unseren Alltag sein!

Ich finde in diesen Worten eine grundlegend wichtige Botschaft: ICH – und kein anderer – bin der „Herr meines eigenen Lebens“. Mit dieser unglaublich wertvollen Erkenntnis können wir unsere Eigenverantwortung erkennen, denn jeder von uns hat die Steuerung seiner Gedanken selbst in der Hand und kann dafür keinen anderen Menschen verantwortlich machen. Die meisten von uns legen viel Wert auf Körperhygiene, leider achten wir oft viel zu wenig auf unsere Denkhygiene!

Das Gesetz der Resonanz oder die Anziehung der Gleichart

Wir leben in einer Welt, in der natürliche Gesetzmäßigkeiten herrschen und die im Prinzip einfach zu verstehen und nachzuvollziehen sind, wenn wir nur wollen! Eines dieser physikalischen Gesetze ist das Gesetz der Anziehung der Gleichart oder auch das Gesetz der Resonanz; es besagt ganz einfach, dass wir gemäß unserer energetischen Ausstrahlung genau die Personen oder Dinge magnetisch anziehen, die auf unserer eigenen „Wellenlänge“ liegen!

Doch diese Tatsache ist nur eine von mehreren Auswirkungen, die diesem Gesetz zugrunde liegen. In seinem Buch „Das Gesetz der Resonanz“ beschreibt der Autor Pierre Franckh: „Das Gesetz der Resonanz sagt immer JA. Es bestätigt Dich immer in Deinem Glauben. Es widerspricht Dir nicht. Glaubst Du zum Beispiel, dass Dein Leben nichts ausmacht oder keinen tieferen Sinn besitzt, wirst Du genau dies bestätigt bekommen. Glaubst Du, dass Dir eine tiefe, wahrhaftige Liebesbeziehung zusteht, Geld, innerer und äußerer Reichtum, glaubst Du, dass Dein Leben eine tiefe allumfassende Sinnhaftigkeit besitzt, wird sich genau dies in Deinem Leben bestätigen. Dem Gesetz der Resonanz folgend kann sich nichts anderes in Deinem Leben verwirklichen. Der Energie ist es grundsätzlich gleichgültig, ob es moralisch hochwertig oder verwerflich ist, ob es Dir nützlich ist oder Dich in Deinem Leben eher behindert. Die Energie fragt nicht nach der Moral und bewertet nicht. Energie reagiert fortwährend nach Deinen ausgesandten Impulsen." Zitat Ende

Ich vergleiche Energie auch gerne mit unserem elektrischen Strom: wir können ans Netz gehen und Maschinen anschließen, die Menschenleben retten oder Menschenleben zerstören können, das liegt allein in unserer Hand. Energie ist also nichts anderes als ein „neutrales Medium" und es liegt an uns Menschen, sie aufbauend oder destruktiv zu lenken! Deshalb wirkt sich das Gesetz der Anziehung immer gleich aus: sind unsere ausgesandten energetischen Impulse positiv, bestätigt uns das Leben positiv, senden wir energetisch negativ, bestätigt uns das Leben oder die Schöpfung mit negativen Rückwirkungen. Heißt das nicht für uns alle: so wie die Saat unserer Gedankenformen beschaffen ist, so wird unsere Ernte ausfallen? Sind wir demnach nicht selbst zu hundert Prozent „verantwortlich" für unser Leben?

Ein Auszug aus dem Vortrag „Verantwortung" aus der Gralsbotschaft von Abd-ru-shin ermöglicht uns dazu einen tieferen Einblick: „Es gibt nur einen Schöpfer, einen Gott, und deshalb auch nur eine Kraft, die alles Seiende durchströmt, belebt und fördert!

Diese reine, schöpferische Gotteskraft durchfließt fortwährend die ganze Schöpfung, liegt in ihr, ist untrennbar von ihr. Überall ist sie zu finden: in der Luft, in jedem Wassertropfen, in dem wachsenden Gestein, der strebenden Pflanze, dem Tier und natürlich auch dem Menschen. Es gibt nichts, wo sie nicht wäre.

Und wie sie alles durchflutet, so durchströmt sie auch ohne Unterlaß den Menschen. Dieser ist nun derart beschaffen, daß er einer Linse gleicht. Wie eine Linse die sie durchströmenden Sonnenstrahlen sammelt und konzentriert weiterleitet, so daß die wärmenden Strahlen auf einen Punkt vereinigt sengen und zündend Feuer entflammen, so sammelt der Mensch durch seine besondere Beschaffenheit die durch ihn strömende Schöpfungskraft durch seine Empfindung und leitet sie konzentriert weiter durch seine Gedanken.

Je nach der Art dieses Empfindens und der damit zusammenhängenden Gedanken lenkt er also die selbsttätig wirkende schöpferische Gotteskraft zu guter oder zu böser Auswirkung!

Und das ist die Verantwortung, die der Mensch tragen muß! Darin liegt auch sein freier Wille!

Ihr, die Ihr oft so krampfhaft sucht, den rechten Weg zu finden, warum macht Ihr es Euch so schwer? Stellt Euch in aller

Einfachheit das Bild vor, wie die reine Kraft des Schöpfers durch Euch fließt und Ihr sie lenkt mit Eueren Gedanken nach der guten oder nach der schlechten Richtung. Damit habt Ihr ohne Mühe und ohne Kopfzerbrechen alles!

Überlegt, daß es an Euerem einfachen Empfinden und Denken liegt, ob diese gewaltige Kraft nun Gutes oder Übles hervorrufen wird. Welche fördernde oder verderbenbringende Macht ist Euch damit gegeben!

Mit reiner Freude denkt daran, daß Ihr mühelos durch Euer einfaches, gutwollendes Empfinden und Denken die einzige und gewaltige Schöpfungskraft zu lenken vermögt. Genau in der Art Eueres Empfindens und Euerer Gedanken wirkt sich die Kraft dann aus. Sie arbeitet allein, Ihr braucht sie nur zu lenken.

Das geschieht in aller Einfachheit und Schlichtheit! Dazu bedarf es keiner Gelehrsamkeit, nicht einmal des Lesens und des Schreibens. Es ist jedem von Euch in gleichem Maße gegeben! Darin besteht kein Unterschied. Wie ein Kind spielend an dem Schalter einen elektrischen Strom einzuschalten vermag, der ungeheuere Wirkungen ausübt, so ist es Euch geschenkt, durch Euere einfachen Gedanken göttliche Kraft zu lenken.

Ihr könnt Euch darüber freuen, könnt darauf stolz sein, sobald Ihr es benützt zum Guten! Aber zittert, wenn Ihr es nutzlos vergeudet oder gar zu Unreinem verwendet! Denn den in der Schöpfung ruhenden Gesetzen der Wechselwirkung könnt Ihr nicht entgehen. Und hättet Ihr Flügel der Morgenröte, die Hand des Herrn, dessen Kraft Ihr damit mißbrauchet, würde Euch durch diese selbsttätig arbeitende Wechselwirkung treffen, wo Ihr Euch auch verbergen wolltet.

Das Böse wird mit der gleichen reinen, göttlichen Kraft bewirkt wie das Gute! Und diese, jedem freigestellte Art der Verwendung dieser einheitlichen Gotteskraft birgt die Verantwortung in sich, der niemand zu entgehen vermag. Deshalb rufe ich jedem Suchenden zu: Halte den Herd Deiner Gedanken rein, Du stiftest damit Frieden und bist glücklich!" Zitat Ende

Die Verwirklichung unserer Ziele

Wenn wir die energetischen Auswirkungen unserer Gedanken ganz sachlich betrachten, können wir feststellen, dass problemorientiertes Denken unsere Energie destruktiv lenkt und somit unser Problem immer mehr „Nahrung" bekommt und verstärkt wird.

Unsere Aufmerksamkeit kreist dauernd um das Konfliktthema und es entsteht eine negative Abwärts-Spirale, die uns in eine echte Lebenskrise führen kann. Wenn wir uns allerdings gedanklich auf mögliche Lösungen konzentrieren und uns ein gewünschtes Ziel bereits klar und in allen Einzelheiten deutlich vorstellen können und dabei auch noch das Wohl unserer Mitmenschen mit berücksichtigen, dann kann sich erstaunlicherweise der Weg dorthin oft wie von selbst ergeben.

Unglaublich? Aber wahr – wie sehr viele erfolgreiche Menschen bestätigen können: Wer keine klaren Ziele hat, wird für Leute arbeiten, die Ziele haben! Der Unterschied zwischen den wenigen Erfolgreichen und den vielen Erfolglosen liegt in unserer echten Überzeugung von den eigenen Fähigkeiten, in unserer Willensstärke, diese Potentiale zu leben und unserer Bereitschaft, aktiv danach zu handeln!

Der erfolgreiche Schweizer Mentaltrainer Andreas Ackermann schildert in seinem Buch „Easy zum Ziel" die NIPSILD-Methode: „Nicht in Problemen, sondern in Lösungen denken!" Das Buch beinhaltet viel Hintergrundwissen bezüglich unseres logischen Denkens und verschiedene Mentaltraining-Techniken, die Ackermann auch in seinen Seminaren und Workshops humorvoll weiter vermittelt.

Es kann also sehr wichtig sein, ein angestrebtes Ziel immer wieder zu visualisieren: das Ergebnis sollte in allen Details und Begleitumständen klar vorstellbar sein; wenn das Bild im Kopf ein Gefühl der Freude und Zufriedenheit in unserem Inneren erzeugt, dann ist es stimmig! Es muss sich anfühlen, als ob das Gewünschte bereits erreicht worden ist, dann hilft uns auf dem Weg zum Ziel oft der „Zufall". Das soll heißen: das Gewünschte fällt uns dann in natürlicher Folge zu. Wir müssen den Weg dorthin nicht selbst bis ins Kleinste steuern, regeln, planen und entscheiden, denn es geht, wie bereits gesagt darum, dem Leben eine Chance zu geben. Der bekannte Autor Dale Carnegie hat diese Grundlagen bereits vor vielen Jahren erkannt. Ich kann sein Werk „Sorge Dich nicht – lebe!“ nur wärmstens allen interessierten Lesern weiter empfehlen!

Unsere persönlichen Ziele dürfen natürlich nicht ausschließlich egoistischer Natur sein, sie sollen andere Menschen nicht einschränken oder schädigen, sondern stets „zum Wohle aller“ beitragen. Dies sollte unbedingt als selbstverständlich vorausgesetzt werden, nur dann wird die Ernte unserer Saat auch wiederum positive Rückwirkungen beinhalten!

Der amerikanische Pionier des positiven Denkens Dr. Joseph Murphy drückt es in seinem Buch: „Die Macht Ihres Unterbewusstseins“ so aus: „Lassen Sie bei der Visualisierung des Zieles Ihre freudige Empfindung und Ihre Herzenskraft mit einfließen, im höheren Sinne „die Liebe zur Kraft, die alles bewegt“ und der Erfolg wird sich in aller Natürlichkeit einstellen!“ Zitat Ende

Dazu möchte ich noch eine Anmerkung machen: wir alle kennen die Erfahrung, dass sich trotz aller Anstrengung unseres positiven Denkens manchmal ein Herzenswunsch und der zugehörige Erfolg nicht in Einklang bringen lassen.

In diesem Fall sollten wir uns vertrauensvoll einen trostreichen Satz in Erinnerung rufen: Wenn nicht das passiert, was Du Dir wünscht, dann geschieht BESSERES !!! Wie dieser Satz gemeint ist? Jeder von uns hat auch schon einmal die Erfahrung machen dürfen, dass es im Nachhinein besser war, dass die Weisheit des Lebens uns einen bestimmten Wunsch nicht erfüllt hat - oder? ;-)

Ein wirklich wichtiger und wertvoller „Wegweiser“ zur Realisierung unserer persönlichen Ziele in Übereinstimmung mit unseren Grundveranlagungen ist unser Geburtshoroskop. Wenn Sie also das Gefühl haben sollten, bei der Verwirklichung ersehnter Ziele alleine nicht klar zu kommen, dann kann der Blick ins Geburtshoroskop sehr nützlich und hilfreich sein, uns wertvolle Hinweise geben und mögliche Wege aufzeigen. Persönliche Stärken, Fähigkeiten, Talente und Potentiale, die jeder Einzelne von uns in sich trägt, sind dazu da, um genutzt und gelebt zu werden. Gewünschte Ziele können oft mit der nötigen Bereitschaft zur Veränderung und mit Begleitung eines erfahrenen Beraters oder Coachs erfolgreich umgesetzt werden, in vielen Fällen ist auch Begleitung auf Zeit eine wirklich gute Hilfe zur letztendlichen Selbsthilfe.

Der weise Aristoteles hat uns seine Erkenntnis mit auf unseren Weg gegeben: wenn Du die Welt verändern willst, musst du bei Dir selbst beginnen!“ Ich möchte noch hinzufügen: jeder Weg (zu unseren Zielen) beginnt mit einem ersten Schritt!

Tell me about the „TOP FIVE (5) in your life” Oder: Was sind unsere Werte im Leben?

Der Mensch ist nicht nur ein zielorientiertes, sondern vor allem ein sinn- und werte-orientiertes Wesen; einer der großen Lehrer unserer Zeit, der sich diese Erkenntnis zur Grundlage seiner wegweisenden Arbeit gemacht hat, war Viktor Frankl, der

Begründer der Wissenschaftlichen Gesellschaft für Logotherapie und Existenzanalyse in Wien. Die Frage nach dem Sinn beschäftigt die Menschheit seit Anbeginn der Zeit. Auch der deutsche klassische Philologe und Philosoph Friedrich Nietzsche hat früh erkannt: „Wer ein Warum zum Leben hat erträgt fast jedes Wie.“

Das Wichtigste für einen Menschen sind seine sinn-stiftenden persönlichen Werte, die bei jedem von uns allerdings sehr unterschiedlich ausfallen können! Für den einen sind Familie, Partnerschaft, Kinder, Tiere oder das Hobby die wichtigsten Werte, für den anderen macht viel Besitz und finanzieller Reichtum, beruflicher Erfolg, Unabhängigkeit oder Ruhm und Anerkennung den Sinn und Wert in seinem Leben aus.

Wenn finanzieller Reichtum den höchsten Rang der Top 5 einnimmt, kann uns dies meist auf die Dauer nicht glücklich und zufrieden machen. Denn es sind nicht die materiellen Güter oder die beruflichen Erfolge, die einen wirklich zufriedenen Menschen aus uns machen. Gesundheit, Vitalität, Glück, Humor, Optimismus, Zuversicht oder Zufriedenheit lassen sich mit keinem Geld der Welt kaufen, geschweige denn ein harmonisches Familienleben oder eine erfüllende Partnerschaft, die sich die meisten von uns wünschen. Studien haben ergeben, dass reiche Menschen nicht glücklicher sind als weniger wohlhabende Menschen; meist ist sogar das Gegenteil der Fall. Wir sollten überdenken, welchen Stellenwert Luxusgüter noch haben, wenn wir uns wirklich alles, was wir haben möchten, sofort kaufen können?

Ist es nicht ein erhebendes Gefühl und macht es uns nicht stolz, auf unsere erste selbstverdiente Anschaffung zurückzublicken? Mein erstes eigenes Auto war ein 12 Jahre alter Opel Kadett, den der Rost und ein paar Comic-Aufkleber zusammen hielten und doch war ich unglaublich stolz darauf. Ich war mein halbes Leben ein leidenschaftlicher Auto-Fan, aber das wunderbare Gefühl von Mobilität, Freiheit und Unabhängigkeit, gepaart mit echter Abenteuerlust, war damals für mich stärker spürbar, als in dem Moment, wo ich mir viele Jahre später mein erstes Roadster-Cabriolet leisten konnte. Materielle Dinge verlieren oft ihren Reiz, nachdem sie in greifbare Nähe gerückt sind, ist das nicht erstaunlich? Haben Sie das selbst auch schon einmal erlebt? Sollte uns das Leben damit spiegeln wollen, dass die „wahren Werte“ im ideellen Bereich liegen?

Und sollten wir für diese „Geschenke“ nicht öfters tiefe Dankbarkeit und echte Wertschätzung zeigen, wenn wir dieses Glück unser eigen nennen können?

Unsere Sprache und ihre Auswirkungen

Wussten Sie, dass in unserer deutschen Sprache circa 500.000 Wörter zur Verfügung stehen? Goethe besaß einen Sprachschatz von ungefähr zweihunderttausend Wörtern, Konrad Adenauer benutzte immerhin noch zwölftausend Wörter und der deutsche Durchschnittsbürger am Anfang des 21. Jahrhunderts benutzt gerade noch viertausend Wörter! Wussten Sie, dass die Bildzeitung nur achthundert bis neunhundert Wörter gezielt zur Volksmanipulation und Meinungsmache benutzt?

Kennen Sie folgende statistisch belegte Tatsache: dass unsere Kinder von ihren Handys im Durchschnitt sage und schreibe dreitausend (3000) SMS pro Monat verschicken, also täglich circa hundert (100) SMS? Lassen wir einmal völlig außer acht, wie viel Zeit dies (täglich!) erfordert und wie viel Umsatz damit von unseren Mobilfunkbetreibern gemacht wird, sondern stellen uns nur vor, wohin das führt: es gibt keine Großschreibung mehr, da bei der Handygeneration die Zeit nur zum Kleinschreiben reicht, die Nachrichten sind gespickt mit Rechtschreibfehlern aller Art und die Verständigung findet in Floskeln und Abkürzungen statt.

Unsere „Kids" generieren eine eigene Sprache, deren Sinn einem Erwachsenen oft nicht mehr verständlich ist und die mit der deutschen Sprache an sich nicht mehr viel zu tun hat. Leider können besonders "verantwortungs-bewusste" Eltern, die ihrem Kind nicht schon während der ersten Lebensjahre ein Handy kaufen und diesen fragwürdigen Trend nicht mitmachen wollen, als komisch und rückständig gelten!

Die Degeneration unserer deutschen Sprache lässt grüßen! Viele Jugendliche benutzen inzwischen eine Art Verständigungslautsprache, die unter anderem aus „Boah ey, Mann ey, Scheiße Alter, Geil, Sau-Geil und Mega-Geil" besteht. Traurig? Aber leider nur zu wahr !!!

Der deutlich spürbare Verfall unserer Umgangssprache und Ausdrucksweise zeigt auch ihre energetischen Auswirkungen, denn gesprochene Worte können Formen erschaffen und sich manifestieren; Worte können heilen oder verletzen! Worte können nicht nur Gefühle, Vorstellungen und Reaktionen auslösen, sondern ihre Wirkungsweise auch in Geschehen zeigen! Eine mögliche Auswirkung möchte ich anhand einer sehr markanten Begebenheit verdeutlichen: Adolf Hitler „erschuf“ anfangs nur mit Worten die Grundlagen für den Nationalsozialismus. Die furchtbaren Auswirkungen dieser destruktiven und zerstörerischen Energie erreichte nach ein paar Jahren ihren Höhepunkt im zweiten Weltkrieg. Natürlich ist diese Veranschaulichung ein sehr dramatisches Beispiel, was man mit Worten auslösen kann, doch mir geht es darum wachzurütteln und die oft folgenschweren Konsequenzen aufzuzeigen!

Wir verwenden in unserem täglichen Sprachgebrauch viele Floskeln oder „Modeworte“ völlig unbewusst, meist ohne uns darüber überhaupt einen Gedanken zu machen, doch wir sollten endlich wieder erkennen, dass die von uns verwendeten Worte ihre Auswirkungen nach sich ziehen. Eines der sehr häufig ausgesprochenen Worte - oder besser gesagt Unworte - ist für mich der Begriff „Wahnsinn“. Dieser Ausspruch wird unglaublich oft in den Mund genommen und von vielen Menschen sowohl für negative, als auch für positive Kommentare benutzt. Ich verstehe ja noch irgendwie, dass das Wort „Wahnsinn“ für Negatives verwendet wird, aber wo bitteschön ist der Sinn für eine positive Sichtweise? Da sich der „gesprochene Wahnsinn“ energetisch irgendwo wieder finden lassen muss, können wir immer häufiger fündig werden in den mit demenzkranken Patienten überfüllten Altenheimen. Weiterhin drückt sich der „Wahnsinn“ auch aus in den immer öfter vorkommenden Amokläufen in den Familien oder an Schulen und öffentlichen Einrichtungen.

Ein zweites und ungemein wichtiges Beispiel für unbewusste Aussprache sind die überall zu hörenden Ausrufe „Oh mein Gott“, „Oh Gott“ oder auch "Um Gottes Willen“! Das energetisch unvorstellbar hoch schwingende Wort „Gott“ wird in unserem Alltag von unglaublich vielen Menschen wiederum sowohl für Positives, als auch für Negatives in den verschiedensten Lebenssituationen verwendet. Versuchen Sie bitte einmal, sich selbst zu erwischen und zählen Sie mit, wie oft sie täglich das Wort „Gott“ aussprechen, ohne sich bewusst mit einer göttlichen Vorstellung zu verbinden; Sie werden sich mit Sicherheit sehr wundern!

Meines Erachtens sollte jeder gläubige Mensch das Wort „Gott“ nur mit dem allergrößten Respekt verwenden und wirklich nur dort aussprechen, wo es seinen Sinn entfalten und energetisch unterstützend wirken kann. Leider hat sich auch die in Bayern gebräuchliche Begrüßung „Grüß Gott“ als Alltagsfloskel verselbständigt. Die Bedeutung des unglaublich machtvollen Wortes „Gott“ wird energetisch damit leider größtenteils entwertet und in den Staub getreten. Wer sich intensiver mit diesem Thema auseinandersetzen möchte, dem empfehle ich das Buch von Abd-ru-shin: „Die zehn Gebote Gottes – Das Vaterunser", worin er im zweiten Gebot „Du sollst den Namen des Herrn, Deines Gottes, nicht mißbrauchen!" die Tragweite unserer falschen Sprech-Gewohnheiten aufzeigt!

Wir sollten uns wieder verstärkt bewusst machen: positive Worte erschaffen ein positives Umfeld, negative Worte ein negatives Umfeld, eigentlich ganz einfach!

Da jeder von uns die energetischen Auswirkungen unserer verwendeten Worte am eigenen Leib erleben kann, müssen wir uns nicht wundern, wenn wir die Folgeerscheinungen in unserem Umfeld wiederfinden und uns deshalb manchmal mit Situationen auseinandersetzen müssen, die uns nicht gefallen und die wir nie haben wollten. Es sollte also für jeden gut wollenden Menschen erstrebenswert sein, seine eigene zielorientierte und positive Ausdrucksweise zu finden, die ihn energetisch unterstützen und vorwärts bringen kann, um besser in seinem Leben zurechtzukommen und seine gewünschten Ziele zu erreichen. Eine bewusste (Aus-)Sprache ist in meinen Augen ein wichtiger Grundpfeiler für ein „bewusstes Leben", letztendlich werden wir dadurch zu unserem eigenen „Glückes Schmied".

Das lukrative Geschäft mit der Angst

Laut dem Gehirnforscher Dr. Joe Dispenza und einer Studie des National Institute of Mental Health (NIMH) leiden etwa 40 Millionen Amerikaner an Angststörungen, Panikattacken, posttraumatischen Belastungsstörungen oder Phobien, das sind 18,1 % der Bevölkerung. In Europa sehen die Zahlen ähnlich aus.

Dispenza berichtet: „Panikattacken entstehen, wenn man seinen Körper darauf trainiert hat, immer schon die nächste stressbeladene Situation zu wittern und darauf vorbereitet zu sein. Wer wiederholt Panikattacken erlebt, hat sich entweder gnadenlos im Sorgenmachen geübt oder er ist immer wieder mit denselben stressbeladenen Situationen konfrontiert. Angst zieht Angst an, wie das Gesetz der Resonanz erklärt. Da der Fokus oder die persönliche Brille sich genau darauf konzentriert, nehmen wir genau diese Dinge wahr, die uns immer wieder bestätigen! Hat der Zustand der Angst sich erst einmal verankert, entsteht eine sogenannte Rückkopplungsschleife im Gehirn. Unsere Ängste sind unsere stärksten Feinde, durch Angst schaffen wir Andockstellen für Energien, die wir bewusst keinesfalls haben möchten. Angst ist nichts anderes als eine bestimmte Sendefrequenz, über die wir genau das anziehen, was wir unbedingt vermeiden möchten.“ Zitat Ende

Nehmen wir zum Beispiel die Angst vor Krankheit: da wir mittlerweile wissen, dass die Energie der Aufmerksamkeit folgt und wir unsere Wahrnehmung dabei auf das Wort „Krankheit“ richten, ist es eine natürliche Gesetzmäßigkeit, dadurch Krankheiten in unser Leben zu ziehen.

Eine ähnliche Auswirkung kann in unserem von Jugendwahn geprägten Zeitalter die Angst vor dem Alter haben. Ich schreibe in unregelmäßigen zeitlichen Abständen ganzheitliche Beiträge für unsere lokale Zeitung. Einer meiner veröffentlichten Artikel, den ich Ihnen hier nicht vorenthalten möchte, trug den Titel: „Altern - eine Frage des Bewusstseins?"

„Kosmetikindustrie und Werbung gaukeln uns meist ein völlig falsches Weltbild vor, mit der Vorstellung von ewiger Jugend wird die Angst vor dem Alter in unserer Gesellschaft stark geschürt, nur um letztendlich daraus ein lukratives Geschäft zu machen. Es liegt in unserer eigenen Verantwortung, alles Dargebotene kritisch zu hinterfragen und auf Werthaltigkeit zu prüfen.

Die Verantwortung für sich und für seine Gesundheit im ganzheitlichen Sinn liegt bei jedem Einzelnen von uns selbst und sollte nicht in fremde Hände gegeben werden. Doch die Frage, die sich wohl schon viele gestellt haben, lautet: warum genießen manche Menschen im Alter voller Vitalität und Lebensfreude die Sonnenseiten des Lebens, während viele andere schon früh körperlich abbauen und seelisch resignieren?

Betrachten wir hierzu den großen Unterschied zwischen dem biologischen Alter eines Menschen und der Reife seines Bewusstseins oder auch menschlichen Wesenskernes. Am Ende des Alterungsprozesses steht Degeneration, Verfall und letztendlich der natürliche Tod des Körpers. „Reife" des Bewusstseins im Sinne der Evolution bedeutet dagegen eine kontinuierliche und optimale Weiterentwicklung und sollte als etwas absolut Positives betrachtet werden, besonders wenn man davon ausgeht, dass der Wesenskern (besser Geistkern genannt) des Menschen keinem Alterungsprozess unterliegen kann und auch nach dem Tod des Körpers weiter existiert, was hunderttausende von Menschen mit Nahtoderfahrungen glaubwürdig und ausführlich berichten können.

Laut Erkenntnissen aus ganzheitlicher Perspektive, wie der Ayurveda-Medizin, haben 30 bis 50 Prozent aller typischen, verfrühten Alterserscheinungen ihre körperlichen Ursachen: zum Beispiel falsche Trink- und Ernährungsgewohnheiten, Nebenwirkungen von Medikamenten, Rauchen, Alkoholmissbrauch, Bewegungsmangel oder psychischer Stress.

Auch in der „Antlitzdiagnostik" nach Carl Huter wird gelehrt: Das Gesicht ist das Spiegelbild unserer Seele. Wenn ein Mensch übermäßig viele Falten hat, müssen diese nicht zwingend altersbedingt sein, sondern können entweder auf Defizite und Mangelsymptome des Körpers oder auf seelische Konflikte hinweisen, die sich bei Konfliktlösung oder durch gezielte Maßnahmen zur Unterstützung unseres ganzheitlichen Energiesystems jedoch auch wieder ausgleichen und zurückbilden können, wovon viele interessante Fallbeispiele zeugen.

Mir fällt hier ein Mann ein, der nach Verlust der Lebenspartnerin, im Alter von circa Mitte dreißig, eine tiefe Einkerbung der gesamten rechten Gesichtshälfte aufwies, die laut Huter unsere „Partnerseite" darstellt und nach seiner Lehre eine „massive Verletzung von außen" bedeutet. Nachdem der Mann diesen erschütternden Verlust seelisch einigermaßen verarbeitet hatte und wieder eine neue Partnerin fand, bildete sich diese „Einkerbung“ langsam zurück, bis sie schließlich fast ganz verschwunden war.

Die Ursachen von übermäßiger Faltenbildung können auch auf eine ernährungsbedingte Übersäuerung hinweisen oder in anderen Fällen durch negative Gedanken oder Lebenseinstellungen hervorgerufen werden. Dies lässt den Schluss zu, dass die Inhalte unseres Bewusstseins – also all das was wir denken und fühlen, bewusst oder auch unbewusst – unser Aussehen und unsere körperliche Verfassung maßgeblich bestimmt. Unsere Gedanken, Gefühle, Vorstellungen, Ängste und Sorgen generieren unsere persönliche Wahrnehmung und Sichtweise unserer Welt, die sich in unserem Gesicht widerspiegelt. Wir „erschaffen“ und formen uns also durch unsere Gedanken und Emotionen nicht nur unseren Körper, sondern sogar unsere gesamten Lebensumstände.

Letztendlich bestimmen wir also selbst darüber, ob wir verfrüht altern und degenerieren: es kommt stark auf unsere Lebensweise und Lebenseinstellung an! Wenn wir nicht auf die ganzheitlichen Bedürfnisse unseres Körpers achten oder ständig negative und pessimistische Gedanken haben, wird dies in natürlicher Folge unser körperliches Befinden und unser Aussehen beeinflussen. Ein Vergleich mit einem Radio-Sender verhilft zum besseren Verständnis: Um den gewünschten Kanal empfangen zu können, muss die richtige Frequenz eingestellt werden. Unsere eigene „Sende-Frequenz“ bestimmt also den entsprechenden Empfang und damit auch die Möglichkeit, glückliche Lebensumstände dem Gesetz der Resonanz zufolge anzuziehen.

Was können wir tun und was sind die besten Voraussetzungen, um harmonisch zu altern und damit im positiven Sinne optimal zu „reifen"? Die Antwort finden wir, wenn wir die natürlichen Bedürfnisse unseres Körpers und unserer Seele erfüllen: durch körperliche Bewegung und aktive Tätigkeiten, intellektuelle Aktivitäten und Gehirntraining und vor allem durch eine aufbauende seelisch-geistige Ausrichtung! Gute Gedanken und freudige Empfindungen, wie Dankbarkeit, Liebe und Herzenswärme sind die beste Medizin und Prävention für jedes Alter und befreien uns von den negativen Auswirkungen unserer Ängste! Kostenlos, ganz ohne Chemie und frei von allen schädlichen Nebenwirkungen. ;-) Artikel Ende

Auch Weltmeister haben Ängste

Auf der Rückfahrt von einem Wander-Wochenende am Hochkönig hörte ich ein sehr interessantes Interview das vom österreichischen Radiosender Ö3 ausgestrahlt wurde. Im Gespräch mit einem sehr bekannten weiblichen Coach ging es darum, dass sich berühmte Spitzensportler wie zum Beispiel Formel 1 Rennfahrer oder auch ganze internationale Fußballvereine ganz offiziell von fähigen Mentaltrainern unterstützen lassen. Passieren Stürze oder Crashes oder gibt es Verletzungen bei Unfällen, entstehen meist massive Versagensängste im Unterbewusstsein des Sportlers, die sich in Form von unbewussten Blockaden und Vermeidungsstrategien manifestieren und sich sowohl im Training, als auch in Wettkämpfen sehr kontraproduktiv auswirken können. Mit Hilfe bestimmter mentaler Techniken können solche Themen verarbeitet werden. Dadurch kann ein gespeichertes Trauma „umprogrammiert“ und mit Hilfe eines positiven Erlebnisses aus der Vergangenheit wieder neu verankert werden. Meist werden im Zusammenhang mit konfliktaktiven Erlebnissen dieser Art auch zusätzlich vorhandene, alte Glaubenssätze, im Zusammenhang mit der Herkunftsfamilie oder aus der persönlichen Vergangenheit entdeckt, die im Rahmen eines Personal Coachings dann wiederum gezielt bearbeitet und aufgelöst werden können.

Ich verfolgte das Interview mit großem Interesse, denn im Radio wurde gerade über einen großen Teil meiner Arbeit in meiner ganzheitlichen Praxis gesprochen – ich fand das faszinierend und erfreulich zugleich - und ich fand viele grundlegende Übereinstimmungen zwischen der jungen Mentaltrainerin und meinen eigenen Überzeugungen, Erfahrungen und Vorgehensweisen!

Nur mit einem freien Kopf, ohne Angst und einem klar visualisierten Ziel kann ein Spitzensportler es schaffen, seine vollen Kapazitäten auszuschöpfen und eine herausragende Leistung zu erzielen. Warum sollte es im „normalen Leben“ bei uns „Normalbürgern“ anders funktionieren? Nur in unserer ganzheitlichen Vollkraft stehend können wir unsere Potentiale entfalten und unsere ersehnten Lebensziele wirklich erreichen.

Mit teilweise ganz einfachen - aber sehr effektiven - Tipps und Tricks können wir die Fähigkeiten unseres Unterbewusstseins für die Überwindung unserer Ängste und die Umsetzung unserer Ziele und Wünsche nutzen. Die Arbeit eines guten Coachs besteht nach meiner Überzeugung darin, seinen Klienten erfolgversprechende Wege aufzuzeigen, die sein Unterbewusstsein bereits kennt, die jedoch noch nicht in das Tagbewusstsein gedrungen sind.

Das Geheimnis ist: wir müssen unseren Kopf, unser Herz und unsere Empfindung in Einklang bringen, um „magnetisch" zu werden; wenn wir diesen Zustand bewusst erreichen können, dann klappt auf einmal fast alles, was wir anfassen und es läuft in unserem Leben „wie geschmiert", wie es so schön heißt. Können wir in diesem - fast schon euphorischen - Zustand bleiben, dann ist die natürliche Folge, dass auf ein Hoch das nächste folgt und wir, wie von einer Welle getragen, von einem Erfolg zum nächsten schwimmen.

Sollte auf diese Art und Weise nicht jeder von uns, seinen eigenen Fähigkeiten entsprechend, ein „Weltmeister" seines eigenen Lebens werden und seine Ängste überwinden können? Ganz egal, ob wir diese sportliche Leistung alleine schaffen oder uns lieber von einem erfahrenen Personal-Coach mit ganzheitlichen Fähigkeiten „trainieren" und unterstützen lassen, alles ist möglich! Wenn Sie mich fragen, dann schließe ich mich gerne der Überzeugung von Walt Disney an: Wenn Du Dir etwas vorstellen kannst, dann kannst Du es auch TUN! ;-)

Neue Erkenntnisse aus der Gehirnforschung Oder: Sind wir die Schöpfer unserer Wirklichkeit?

Neueste Erkenntnisse aus der Gehirnforschung gehen davon aus, dass unser Gehirn jede Sekunde etwa 400 Milliarden Informationsbits verarbeitet, wobei wir nur circa 2000 bewusst wahrnehmen, davon hauptsächlich im körperlichen Bereich, in Kombination mit Umgebung und Zeit. Das Buch „Schöpfer der Wirklichkeit" des amerikanischen Gehirnforschers Dr. Joe Dispenza enthält folgende Aussage: neue Denkweisen und Empfindungen erschaffen neue neuronale Netzwerke im Gehirn. Ich zitiere: „unsere Gedanken hinterlassen Spuren im Gehirn. Durch neue bildgebende Verfahren und mikroskopische Kameras können wir heute beobachten, wie Neuronen sich anschicken, neue neuronale Netzwerke anzulegen und damit, wie der Geist Gedanken erlebt." Zitat Ende

Der Kommentar von Mr. Spock aus der Science-Fiction-Serie Star-Trek würde dazu lauten: Faszinierend! ;-)

Doch was sind diese „neuronalen Netzwerke" überhaupt, die sich in unserem Gehirn selbstständig bilden und auch wieder rück-bilden können? Stark vereinfacht ausgedrückt handelt es sich bei einem neuronalen Netzwerk um eine Verknüpfung von Nervenzellen, die ein automatisches Programm oder eine Gewohnheit steuern und eine bestimmte Verhaltensweise in unserem Unterbewusstsein ablaufen lassen. Dazu ein kleines, uns schon bekanntes Beispiel: Sie fahren eine bestimmte Strecke mit dem Auto und wissen später gar nicht mehr genau, was Sie auf der Fahrt von A nach B erlebt haben, denn während Sie Ihren Gedanken nachhingen, saß ihr Unterbewusstsein am Steuer. Wir alle kennen solche Situationen, nicht wahr?

Wenn wir also eine neue Fähigkeit erlernen, bilden sich automatisch neue neuronale Netzwerke in unserem Gehirn. Geben wir alte Gewohnheiten auf, dann bilden sich die dazu gehörigen Netzwerke zurück und zerfallen wieder in ihre Einzelteile. Diese „Modulationsfähigkeit" unseres Gehirnes wird von der Wissenschaft auch Neuroplastizität genannt, als die Fähigkeit Bestehendes wieder zu ändern, was man auch ganz einfach mit „LEBEN" bezeichnen könnte. Wissen und Erfahrungen verändern dementsprechend unser Gehirn und wir entwickeln uns auf diese Weise weiter. Unsere Ärzte gingen in der Vergangenheit davon aus, dass Gehirnschäden, verursacht durch Krankheit oder Unfall, irreparabel wären. Erst in den letzten drei bis vier Jahrzehnten, ergaben die Forschungen, dass unser Gehirn die uneingeschränkte Fähigkeit zur Regeneration hat. Wir können also nicht nur unser Denken verändern, sondern tatsächlich auch unser Gehirn – nach unseren Wünschen und sogar unser ganzes Leben lang! Diese Fähigkeit steht uns sogar noch im hohen Alter zur Verfügung. Wir müssen sie nur trainieren, ist das nicht eine wunderbare Nachricht?

Dispenza erklärt in seinem Buch unser mittlerweile gut bekanntes „Gesetz der Resonanz" auf folgende Weise: „Unser Gehirn entscheidet nicht zwischen positiven und negativen

Gedanken. Das eine macht ihm nicht mehr Mühe als das andere. Die Entwicklung von neuronalen Netzwerken mit positiven Haltungen fällt uns genauso leicht, wie die Bildung von negativen." (Dispenza verwendet hier positiv und negativ im Sinne von Verhaltensweisen, die uns dienlich sind oder uns sabotieren.)

Er schreibt weiter: „Nur wenige von uns entwickeln positive Haltungen. Es gibt nicht viele, die merken: so wie wir uns angewöhnen können, deprimiert, verärgert, mürrisch oder aggressiv zu sein, können wir genauso gut auch fröhlich, zufrieden und erfüllt sein. Wir übernehmen oft die negativen Einstellungen unserer Eltern und Vorfahren, machen brav so weiter und verstärken diese noch mit unseren eigenen Negativ-Erfahrungen." Zitat Ende

Was bedeutet das letztendlich für uns? Wir erinnern uns: wenn wir negativ senden, ziehen wir Negatives an wie ein Magnet, wenn wir jedoch positiv senden, programmiert und produziert unser Gehirn dementsprechend positive Rückwirkungen. Dispenza stellt somit fest: „Sogar körperliche Symptome verschwinden bei positiver Veränderung der Denkweise! Ist das nicht phänomenal? Diese wissenschaftliche Erkenntnis beinhaltet einen weiteren Schlüssel für unsere Gesundheit: der Mensch ist demnach wirklich nachweisbar in der Lage, sich selbst zu heilen! Eine wundervolle Möglichkeit die uns der Schöpfer im Einklang mit Mutter Natur bietet: wir müssen nur lernen, die Sprache unseres Schöpfers wieder zu verstehen und den Menschen als ganzheitliches Wesen betrachten, ohne den Körper von der Seele und vom Geist zu trennen."

Dispenza widmet sich seit vielen Jahren der allumfassenden Frage, wie der menschliche Geist (nicht Verstand!) funktioniert und bezeichnet unser Gehirn als ein „Wunderwerk der Evolution". Ich möchte an dieser Stelle gerne mein Lieblings-Zitat aus seinem Buch mit meinen Lesern teilen: „Bewusstsein ist das, was unserem Gehirn Leben einhaucht!" Zusammenfassend hat Dispenza erkannt: „Wir verfügen über sehr viel mehr Macht, unser Gehirn, unser Verhalten, unsere Persönlichkeit und letztendlich unsere Wirklichkeit zu verändern, als wir bislang angenommen haben. Wir sind in der Lage in einem Leben: Neues zu lernen, mit alten Gewohnheiten zu brechen, unsere Überzeugungen und Wahrnehmungen zu verändern, Schwierigkeiten zu überwinden, Fähigkeiten zu erwerben und auf geheimnisvolle Weise zu neuen Wesen zu werden." Zitat Ende

Meine Erkenntnis: Damit wir wirklich ein neues Wesen werden können, soll unser irdischer Verstand das Werkzeug unseres „unsterblichen" Geistes sein! Nur auf diese Weise können wir unseren Auftrag erfüllen und durch unser „Sichselbstbewußtwerden" zur Hebung und Weiterentwicklung der ganzen Schöpfung beitragen. Abd-ru-shin (Verfasser des Werkes „Im Lichte der Wahrheit - Gralsbotschaft") erklärt uns diese Zusammenhänge ausführlich in dem Vortrag „Geist". Als „neues Wesen" brauchen wir nur den ehrlichen Willen zur positiven Veränderung und die Bereitschaft unseren Teil dafür zu tun! Wenn wir alleine nicht die Kraft dazu finden können, darf dies gerne auch bedeuten, die Hilfe und Unterstützung von einem ganzheitlichen Berater oder Therapeuten anzunehmen, dann sind wir im wahrsten Sinne des Wortes die bewussten „Schöpfer unserer Wirklichkeit!"

Die Intelligenz unseres Herzens

Entstehen unsere Gedanken, Gefühle und Empfindungen ausschließlich in unserem Gehirn oder gibt es auch Verbindungen zu unserem Herzen?

Das HeartMath Research Institute mit Sitz in USA/Kalifornien erforscht seit vielen Jahren das Thema „Herzintelligenz". Doch was genau ist eigentlich unser Herz? Nur ein Organ, das einer mechanischen Pumpe gleicht und unser Blut im Körper verteilt?

Auf der Internetseite des HeartMath Institute (www.heartmath.org) mit dem Slogan „connecting heart and science" (wir verbinden Herz und Wissenschaft) können wir nachlesen: „Aus den Forschungsergebnissen geht hervor, dass die Erzeugung von Informationen nicht allein in unserem Gehirn stattfindet, sondern auch in unserem Herzen. Tatsächlich läuft mehr Information vom Herzen zum Gehirn als umgekehrt. Unser Herz kommuniziert nicht nur mit unserem Gehirn, sondern auch mit dem Rest des Körpers. Der Informationsaustausch erfolgt über unser Nerven- und Hormonsystem. Das Herz ist durch seine Muskelaktivität aber auch die weitaus stärkste Quelle von Bio-Elektrizität und elektromagnetischer Aktivität in unserem Körper. Die Frequenz unseres Herzschlages hat dabei einen entscheidenden Einfluss nicht nur auf die Funktion unseres Denkens, sondern auch auf die meisten unserer Körperorgane."

Daraus lässt sich folgern, dass unser Herz nicht nur ein Muskel, sondern ein „intelligentes Wahrnehmungs-Organ" ist. An dieser Stelle möchte ich nochmals an die weise Erkenntnis des kleinen Prinzen von Antoine de Saint-Exupéry erinnern: „Man sieht nur mit dem Herzen gut!" Viele bekannte Sprichwörter weisen uns darauf hin, unbedingt unserem Herzen zu folgen, das uns viel weisere Ratschläge geben kann als unser Verstand! Durch diese Betrachtungsweise bekommt auch die Bedeutung einer Herztransplantation nochmals eine völlig veränderte Perspektive, die wirklich auf allen Ebenen gründlich durchdacht werden sollte!

Das HeartMath Institute informiert uns weiter über erstaunliche und interessante Forschungsergebnisse: Menschliche Genproben reagieren auf gedankliche Beeinflussung und Emotionen! Völlig unabhängig von Zeit und Ort reagiert unsere DNS auf Emotionen: diese „reagiert" bei Liebe und Freude, indem sie sich ausweitet und bei Neid oder Hass, indem sie sich zusammenzieht. Ein sehr interessantes Experiment fand in einer Schulklasse statt: ein durchschnittlich begabter Schüler sollte zwei gleichwertige mathematische Aufgaben an der Tafel lösen. Seine Klassenkameraden waren ohne sein Wissen instruiert worden, ihn bei der ersten Aufgabe gedanklich zu stützen. Die Gedanken-Botschaften: „Du kannst das! Du schaffst es! Du bist gut!" ließen den Schüler die erste Aufgabe ohne Probleme lösen.

Bei der zweiten Aufgabe, mit demselben Schwierigkeitsgrad, wurden jedoch negative Botschaften „gesendet“, wie: „Du bist schlecht! Du machst alles falsch! Du bist ein Versager!“ Möchten Sie raten, was passiert ist? Genau! Der Schüler war nicht in der Lage die Aufgabe zu lösen!

Sollte die Ursache dafür die massive gedankliche Beeinflussung gewesen sein? Finden solche gedanklichen Beeinflussungen nicht bei uns allen täglich rund um die Uhr statt? Ganz egal, ob durch gesprochene Worte von Menschen, gedruckte Informationen in Büchern und Zeitschriften, durch gezielte Werbung in den Medien, durch Symbole und Zeichen oder andere Botschaften, die ihren Zugang zu unserem Unterbewusstsein finden? Ich möchte anraten, an dieser Stelle eine kleine Lesepause einzulegen, um sich zu fragen, welche Auswirkungen das für jeden von uns haben kann und in welchen Situationen wir wirklich noch unsere völlig freien Entscheidungen treffen können?

Werden wir von Hirn oder Herz gesteuert?

Haben Sie sich auch schon einmal gefragt, wie unsere Gedanken entstehen? Wie sich unsere Gedanken auf unsere Gefühle und Emotionen auswirken? Welche Auswirkungen unsere Gedanken auf unser ganzes Leben haben?

Dazu ein Auszug aus dem Buch „Das Gesetz der Resonanz“ von Pierre Franck: „Durch die neuesten Erkenntnisse der

Quantenphysik, der Quantenbiologie, der modernen Mathematik und der Epigenetik (Epigenetik beschäftigt sich mit Mechanismen, welche die Genaktivität regulieren) tritt immer deutlicher zutage, dass es stets die Kraft der menschlichen Überzeugungsmuster ist, die uns zu dem werden lässt, was wir zu sein glauben:

Das Institute of HeartMath Research Center, das 1991 gegründet wurde und inzwischen auf der ganzen Welt wegen seiner revolutionären Entdeckungen anerkannt ist, führte grundlegende Forschungsarbeiten in emotionaler Physiologie und Herz-Hirn-Wechselwirkungen durch. 1993 wollte man zum Beispiel die Macht der Gefühle über den menschlichen Körper untersuchen und konzentrierte sich dabei auf den Bereich unseres Körpers von dem man annahm, dass er für die Entstehung von Gefühlen verantwortlich sei: unser Herz.

Schon ziemlich rasch, bereits bei den ersten Untersuchungen, machte man eine überaus erstaunliche Feststellung und war regelrecht fassungslos, dass man das nicht bereits früher entdeckt hatte: Das Herz ist umgeben von einem gewaltigen Energiefeld: Es hat die Größe von ungefähr zweieinhalb Meter Durchmesser!

Das muss man sich vorstellen: Das Herz erzeugt ein Energiefeld, das weitaus größer ist als das Energiefeld des Gehirns! Bisher war die Wissenschaft davon ausgegangen, dass unser Gehirn mit allen seinen elektromagnetischen Impulsen, den größten „Senderadius“ besäße. Und nun fand man ein energetisches Feld, das wesentlich größer ist; es hat eine solche Stärke, dass es weit über den eigenen Körper hinausreicht."

Welchen tieferen Sinn hat nun dieses Energiefeld um unser Herz herum?

Ich zitiere weiter: „Die vom Herzen erzeugten elektrischen und magnetischen Felder kommunizieren mit den Organen in unserem Körper. Man konnte sogar nachweisen, dass es eine Verbindung zwischen Herz und Gehirn gibt, wobei das Herz dem Gehirn signalisiert, welche Hormone, Endorphine oder anderen Chemikalien es im Körper erzeugen soll. Das Gehirn handelt nicht eigenständig, sondern erhält die Signale dafür vom Herzen. Es ist also das Herz, das alle Informationen verteilt! Aber auf welche Weise „kommuniziert" es mit dem Gehirn und den Organen? In weiteren Versuchsreihen fand man heraus, dass alle Informationen mittels Emotionen weitergegeben werden. In unseren Emotionen sind also sämtliche Informationen enthalten, durch die unser Herz das Gehirn und die Organe wissen lässt, was unser Körper zum jeweiligen Zeitpunkt braucht.

Aber das ist längst nicht alles. Als man weiterforschte, entdeckte man, dass das elektrische und magnetische Feld, das vom Herzen ausgesandt wird, nicht nur durch unsere Emotionen aufgebaut wird, sondern seine Kraft durch eine weitere bedeutende Ursache erhält, und zwar durch unsere Überzeugungen, durch all die Dinge also, die wir tief in uns glauben und nach denen wir unser Leben ausrichten! All dies findet sich als Information in der ausgesandten Energie unseres Herzens wieder und wird mit der größten Sendestärke unseres ganzen Körpers nicht nur zu unserem Gehirn und unseren Organen, sondern auch weit in die Welt hinausgetragen. Auch in manch einer Redensart findet sich der Widerhall dieser uralten Wahrheit: „Er verteidigte seine Sache mit dem Brustton der Überzeugung“, „Es ist sein Herzenswunsch“, „Mit der Kraft des Herzens wünschen“, und natürlich: „Mit der Sprache des Herzens.“

Unser Herz dient als eine Art Vermittler, der alle unsere Überzeugungen und Gefühle in elektrische und magnetische Schwingungen und Wellen wandelt.

Und diese elektromagnetischen Wellen sind nicht nur auf unseren Körper beschränkt, sondern reichen weit in unser Umfeld hinein und interagieren mit allem, was uns umgibt. Unser Herz übersetzt all die Überzeugungen, all die Vorstellungen und Emotionen in eine andere Sprache – eine codierte Sprache der Schwingungen und Wellen – und sendet sie aus. Unsere Überzeugungen stehen durch die elektrischen und magnetischen Wellen, die unser Herz aussendet, in Wechselwirkung mit der physischen Welt.

Wie groß die ausgesandte Energie ist, haben Untersuchungen des HeartMath Institutes gezeigt:

• Die elektrische Kraft des Herzsignals (EKG) ist bis zu 60-mal stärker als das elektrische Signal des Gehirns (EEG).

• Das magnetische Feld des Herzens ist sogar 5000-mal stärker als das des Gehirns. Wir senden über unser Herz also wesentlich mehr Energie aus als über unser Gehirn. Warum ist das so wichtig für uns zu wissen? Ganz einfach, weil wir dadurch endlich verstehen, warum sich manche Wünsche so leicht erfüllen, während andere Wünsche noch nicht in unserem Leben manifestiert werden können, obwohl wir uns doch so viel Mühe geben und sie nach bestem Wissen und Gewissen visualisieren.

• Sagen wir uns beständig Affirmationen oder bauen wir Bilder vor unserem geistigen Auge auf, ohne von der Erfüllung unseres Wunsches gefühlsmäßig überzeugt zu sein, sendet nur unser Gehirn seine elektromagnetischen Wellen aus, während unser eigentliches Gefühlszentrum – das Herz – unsere wirkliche Überzeugung, meistens unsere Zweifel und Ängste, mit 5000-fach größerer Stärke in die Welt sendet. Die Konsequenz daraus liegt klar auf der Hand: Es kann sich nur das wirklich in unserem Leben erfüllen, woran wir aus tiefstem Herzen glauben. Stärken wir unsere Überzeugungen mit der Kraft der Emotionen, ist die ausgesandte Energie ungleich größer. Sind wir aber traurig, deprimiert oder befinden wir uns gerade in einem energetischen Loch, können wir uns wünschen, was wir möchten: Die ausgesandte Kraft der eher tristen Emotionen, die über die Herzregion ausgesendet wird, wird immer wesentlich stärker sein als der Wunsch, den wir von unserem Verstand aus senden.

Die Propheten, Weisen und Weltenlehrer der jetzigen und vergangenen Zeit sagen immer und immer wieder, dass wir lernen sollen, „mit dem Herzen zu sehen“. Mit dem Herzen können wir die Welt verändern. Was alle spirituellen Meister dieser Welt uns bisher lehrten und was bereits in der Bibel verkündet wurde, und zwar, dass unser Glaube Berge versetzt, bekommt nun eine tiefere und vor allem wissenschaftliche Dimension. „Wenn ihr Glauben habt und nicht zweifelt, dann werdet ihr nicht nur das vollbringen, was ich (Jesus) getan habe; selbst wenn ihr zu diesem Berg sagt: Heb dich empor und stürz dich ins Meer! wird es geschehen. Und alles, was ihr im Gebet erbittet werdet ihr erhalten, wenn ihr glaubt.“ Nur der feste Glaube besitzt die Kraft, Neues in unserer Welt zu erschaffen. Das, was wir glauben, realisiert sich, weil dies die stärkste – über die Herzregion ausgesandte – messbare Energie besitzt.

• Das Herz signalisiert dem Gehirn, welche Hormone, Endorphine oder anderen Chemikalien es im Körper erzeugen soll.

• Das Herz ist der stärkste Sender unseres Körpers. Es erzeugt die stärkste magnetische und elektrische Energie, die wir zur Verfügung haben.

• Die magnetischen und elektrischen Wellen, die vom Herzen kommen, werden durch unsere Gefühle und Überzeugungen geschaffen. Gleichgültig, ob diese Wellen positiv oder negativ sind: Sie werden mit ungeheurer Stärke in die Welt ausgestrahlt.

• Das Herz ist eine Art Vermittler, das unsere Überzeugungen in eine andere Sprache, in eine codierte Sprache der Wellen wandelt und mit ungeheurer Energie ausstrahlt. Das heißt nichts anderes, als dass unsere Überzeugungen ausgesendet werden und gemäß dem Gesetz der Resonanz nach einer gleichschwingenden Energie suchen.

• Gleiches zieht Gleiches an. Alles was mit unserer Energie resoniert, verwirklicht sich in unserem Leben. Das heißt kurz gesagt: Unsere Überzeugungen realisieren sich in unserem Leben." Zitat Ende

Die Kraft unserer Überzeugung

Nach meiner Überzeugung besitzt JEDER Mensch individuelle und seiner ureigenen Art entsprechende besondere Fähigkeiten, eine der wissenschaftlichen Begründungen dazu liefert Dr. Joe Dispenza in seinem Buch „Schöpfer der Wirklichkeit" mit dem Untertitel „Der Mensch und sein Gehirn – Wunderwerk der Evolution". Dispenza's Arbeit auf dem Gebiet der Gehirnforschung beruht auf der Überzeugung, dass jeder Mensch auf diesem Planeten das Potential zu wahrer Größe und unbegrenzten Fähigkeiten hat. Die astro*logische* Sichtweise bestätigt diese Ansicht in vollem Umfang!

Leider können nur wenige Menschen den Zugang zu ihren besonderen Fähigkeiten finden und diese Talente dann auch entsprechend umsetzen und in natürlicher Weise in ihr Leben integrieren. Verschiedenste Gründe können zu gravierenden

Selbstwertproblemen führen. Oft beginnt die Reduzierung unserer positiven Lebenseinstellungen schon in unserer Herkunftsfamilie. Schon in frühester Kindheit können Sabotage-Programme entstehen, die im Unterbewusstsein eines Kindes seine Verhaltensweisen als Erwachsener stark prägen. Sätze wie: „Das schaffst Du nie!", „Dafür bist Du zu dumm!", „Bilde Dir bloß nicht ein, Du bist etwas Besonderes!", „Das wirst Du Dir nie leisten können!" und viele weitere destruktive elterliche „Kommentare und Ratschläge" können dafür sorgen, das der Zugang zu den Fähigkeiten des Kindes begrenzt oder manchmal sogar ganz verschüttet wird. Oft bedarf es mühevoller Arbeit in den Jahren als erwachsener Mensch, solche Prägungen zu erkennen und wieder erfolgreich „umzuprogrammieren".

Ich hatte eine junge Klientin mit 29 Jahren, die in hemmenden Glaubenssätzen derart gefangen war, dass ihr gesamtes Leben aus Minderwertigkeitskomplexen und Versagensängsten bestand. Es bedurfte vieler Sitzungen, um diese selbst gebauten Mauern in ihrem Unterbewusstsein auf behutsame und einfühlsame Art und Weise wieder durchlässig zu machen und ihr aufzuzeigen, dass jeder von uns selbst alle Fäden in der Hand hat, um sein Leben in die von ihm gewünschte Richtung schrittweise zu verändern. Die Arbeit mit ihr war ein persönliches Geschenk für mich, denn aus der unscheinbaren Raupe wurde ein farbenfroher Schmetterling, der in die Welt hinaus fliegen konnte! Wenn wir unsere Gedanken mit unseren Herzen in Einklang bringen, können dadurch neue kraftvolle Überzeugungen in uns entstehen, die unserer Seele Flügel wachsen lassen!

KAPITEL HEILENERGETIK

Haben wir natürliche Heilfähigkeiten?

Um die Antwort vorweg zu nehmen: Ja, JEDER von uns hat natürliche Heilfähigkeiten, jedoch passieren die meisten Heilungen auf vollkommen unbewusster Basis. Jede kleine Verletzung, die nach ein paar Tagen wieder verheilt ist, veranschaulicht uns auf beeindruckende Art und Weise die wunderbaren Heilfähigkeiten unseres Körpers; dieser meist völlig automatisch ablaufende Heilungsprozess wird von unserem Unterbewusstsein gesteuert, wir müssen im Prinzip nicht darüber nachdenken, um wieder „auszuheilen".

Doch was ist überhaupt Heilung? Wikipedia versteht darunter: „Der Begriff Heilung bezeichnet den Prozess der Herstellung oder Wiederherstellung der körperlichen und seelischen Integrität aus einem Leiden oder einer Krankheit, oder die Überwindung einer Versehrtheit oder Verletzung durch Genesung."

Die Wissenschaft hat jedoch bis heute nicht herausgefunden, wie Heilung funktioniert oder wie eine Wunde zusammenwächst: man weiß natürlich, dass zeitnahes Säubern und Nähen einer Wunde hilft, aber definitiv nicht, wie Wundheilung exakt vor sich geht!

Wir wissen aber, dass unsere Selbstheilungskräfte durch verschiedene Methoden angestoßen werden können; dies geschieht automatisch nach Operationen, nach „mechanischen" Behandlungen wie Physiotherapie oder Osteopathie oder durch die Gabe von Medikamenten. Unsere Selbstheilungskräfte lassen sich jedoch auch ohne körperliche oder chemische Eingriffe, nur durch energetische Impulse, wieder in Gang bringen: dies bestätigt die überaus erfolgreiche Zusammenarbeit von anerkannten „Geistheilern" mit Ärzten und Krankenhäusern in Ländern wie England, der Schweiz oder in Österreich! Die Vorteile einer energetischen Behandlung für den Patienten zeigen sich nicht nur darin, dass sie vollkommen frei von schädlichen Nebenwirkungen sind, sondern auch, dass Heilung manchmal in unglaublich kurzer Zeit geschehen kann.

Aus ganzheitlicher Sicht sind wir „heil", wenn wir in unserer „persönlichen Ordnung" sind, denn erst, wenn wir NICHT mehr in dieser natürlichen Ordnung sind, können sich Krankheitssymptome zeigen. „Heil sein" bedeutet in Harmonie zu sein und eine energetisch ausgeglichene Schwingung zu besitzen, aufgrund dessen unser ganzheitliches System, bestehend aus Körper, Seele und Geist, rundum Gesundheit und Wohlbefinden ausstrahlen kann. Ist eine dieser Ebenen gestört oder durch ein negatives Erlebnis beeinträchtigt und damit ganz oder teilweise niedriger schwingend geworden, können wir dies als schlechte Stimmung, Niedergeschlagenheit, Depression oder als Krankheit erleben.

Zeigt sich ein körperliches Symptom, können wir in diesem Zusammenhang die Sprache und die Ausdrucksmöglichkeit unserer Seele in direktem Zusammenhang mit den damit verbundenen Auswirkungen auf unseren Körper erkennen. Wenn wir es schaffen, unser seelisches Gleichgewicht wieder herzustellen, aktivieren sich unsere natürlichen Selbstheilungskräfte und Regeneration kann stattfinden.

Sind unsere Krankheiten die Sprache unserer Seele?

Einer meiner favorisierten Schriftsteller, der es wirklich bestens versteht, wissenschaftliche Zusammenhänge aus der Epigenetik klar und für jeden verständlich darzustellen, ist der amerikanische Zellbiologe Dr. Bruce Lipton.

In seinem Buch mit dem Titel „Intelligente Zellen – der Geist ist stärker als die Gene“ macht er klar, „dass der Mensch definitiv kein Gefangener seines genetischen Erbguts ist, wie uns die Schulmedizin mit allen Mitteln weismachen will, sondern, dass unser Wille und unser Wollen, also unser Geist oder auch unser Bewusstsein unsere Abermillionen von Zellen steuert. Je nachdem, welche (Zell-)Schwingung der Mensch aussendet, die zieht er auf gesetzmäßige und natürliche Art und Weise als Folge in sein Leben.“

Bruce Lipton beschreibt weiter: „Unser Denken und Fühlen wirkt in jede Zelle hinein und bestimmt unser Leben! Laut Epigenetik korrespondieren Geist und Materie auf energetische

Art und Weise miteinander! Wir haben sogar die Fähigkeit uns selbst zu „heilen“ und können veraltete Vorstellungen und Muster verabschieden, wir sind nicht gezwungen, das „Schicksal unserer Vorfahren“ anzunehmen. Jeder von uns hat somit selbst den Schlüssel für sein Leben, für Gesundheit, Glück und Liebe in seiner eigenen Hand. Ein Mensch, der mit sich und seinem Leben zufrieden ist (ganz unabhängig von finanziellen Faktoren oder Lebensalter) besitzt eine positive Ausstrahlung, was wissenschaftlich anhand erhöhter Zellschwingung messbar und nachweisbar ist. Es liegt im Ermessen jedes Einzelnen von uns „möglichst früh“ eine bewusste Lebensfreude zu entwickeln, um uns in den späteren Lebensjahrzehnten wohl in „unserer Haut“ zu fühlen, was sich selbstverständlich auch im Umgang mit unseren Mitmenschen widerspiegeln wird.“ Zitat Ende

Bruce Lipton spricht mir damit aus dem Herzen, weil ich, bedingt durch verschiedene ganzheitliche Ausbildungen und den jahrelangen Erfahrungswerten mit den Klienten in meiner Praxis, die Überzeugung in mir trage, dass fast jeder körperlichen Krankheit eine seelische Konfliktursache vorausgeht. Egal, wie die Diagnose lautet: von Allergien bis hin zu Krebsleiden, von chronischer Krankheit bis zur Depression - keine physische Krankheit entsteht ohne psychische Konfliktmasse, sogar Unfälle sind von dieser Regel nicht ausgeschlossen!

Eine Krankheit unseres Körpers ist eine Symbolsprache für die Ausdrucksmöglichkeiten unserer Seele, wir sollten das endlich wieder begreifen lernen! Die wunderbare Nachricht ist: bei erfolgreicher Konfliktlösung kann der Körper in vielen Fällen die erforderlichen Maßnahmen selbst ergreifen, um die natürliche Genesung, Regeneration und Gesundheit wieder herzustellen.

Ich beschäftige mich jetzt seit über fünfzehn Jahren mit den Zusammenhängen von Körper und Seele als Basis ganzheitlicher Gesundheit. Auf der Suche nach möglichen Konfliktursachen konnte ich überall dort fündig werden, wo Offenheit und Gesprächsbereitschaft als Grundlage gegeben war: ganz egal ob bei mir selbst, in meiner Familie, bei Freunden und Bekannten oder während der Arbeit mit meinen Klienten in der Beratungspraxis. Sogar bei Tieren lässt sich diese Gesetzmäßigkeit von Ursache (Konflikt) und Wirkung (Symptom) hervorragend nachvollziehen, obwohl zugegebenermaßen die Unterhaltung mit ihnen manchmal etwas schwierig sein kann. ;-) Aber da unsere Haustiere meistens sehr eng mit ihren Besitzern verbunden sind, lassen sich auch dafür die geeigneten Wege finden!

Unser menschlicher Körper ist im Prinzip ein perfekt funktionierender Organismus und somit ein vollkommener Ausdruck unseres Schöpfers, und wir sollten trotz aller modernen medizinischen Möglichkeiten wieder lernen seine Ausdrucksweise besser zu verstehen! Anstatt nur ein ungeliebtes Symptom bekämpfen zu wollen, sollten wir uns lieber darauf konzentrieren, die Ursachen von „fehlender Gesundheit" zu finden und zu harmonisieren, denn dadurch kann unser Körper in natürlicher Folge seine Selbstheilungskräfte wieder aktivieren und manche Therapie oder Operation könnte so vermieden werden. Als ganzheitlich orientierte Menschen sollten wir die Verantwortung für unseren Körper (und damit verbunden unsere Seele) nicht sofort aus unserer Hand geben und uns nicht ausschließlich von Fremdmeinungen abhängig machen, denn die Folgen von „Fehlbehandlungen“ tragen wir leider vollkommen alleine, das sollte uns allen bewusst sein!

Eine gute Möglichkeit, um sich seine eigene Überzeugung als Grundlage für wichtige gedankliche Vorsorgemaßnahmen zu bilden, ist das Lesen von ganzheitlich orientierten Büchern. Gute Anregungen bieten - neben vielen anderen namhaften Autoren - auch die Bücher von Dr. Rüdiger Dahlke.

Seine Titel lauten: Krankheit als Weg, Krankheit als Chance und Krankheit als Symbol. Alle drei Bücher befassen sich mit den Hintergründen und Ursachen der Entstehung von Krankheiten oder besser gesagt mit den „biologischen Sonderprogrammen“, die unser Organismus in den meisten Fällen sinnvoll und bewusst ablaufen lässt und die immer wichtige Gründe haben. Unser Körper übersetzt mit dem „Krankheits-Symptom“ die Sprache unserer Seele und unseres Unterbewusstseins. Leider gibt es noch viel zu viele Menschen, die nicht auf diese Sprache hören wollen und die oft schmerzlichen Folgen davon dann leider auch selbst tragen müssen.

Mein persönliches Lieblingsbuch von Rüdiger Dahlke ist der Titel: „Peace Food“. Dieses Buch möchte uns nicht nur an unsere Eigenverantwortung bezüglich unserer Gesundheit erinnern, sondern appelliert auch an jeden von uns, seinen persönlichen Beitrag für eine bessere Welt zu leisten! Gefällt mir! ;-)

Wer sich gerne intensiver mit dem großen Thema „seelische Konflikthintergründe von Krankheiten" befassen möchte, dem stehen mittlerweile viele hervorragende Dokumentationen zur Verfügung, die sich unserer Gesundheit aus ganzheitlicher Sicht widmen. Die „Neue Medizin" nach Dr. Ryke Geerd Hamer (Internet: www.neue-medizin.de) bietet ganze Tabellen mit detaillierten Erklärungen und Fallbeispielen, die das körperliche Symptom ganz klar dem verursachenden Konflikt zuordnet und sehr verständliches Hintergrundwissen dazu liefern.

Ein weiteres Buch, das ich Ihnen im Interesse des Erhalts Ihrer eigenen Gesundheit präventiv sehr empfehlen kann ist von Björn Eybl und lautet: „Die seelischen Ursachen von Krankheiten". Eybl lehnt sich in seinem Buch, das er auch „Lexikon der Krankheiten für Therapeuten und Patienten" nennt, an die von Dr. Hamer entdeckten 5 biologischen Naturgesetze an. Ich empfehle dieses Buch auch deshalb, weil es sehr einfach strukturiert und verständlich ist und wirklich gut auch von medizinischen Laien gelesen werden kann.

Einer der Hauptgründe, weshalb die großartigen Erkenntnisse der „Neuen Medizin" seit vielen Jahren vorsätzlich unterdrückt werden, ist die gezielte Steuerung und Manipulation des Bürgers durch die Pharmaindustrie, die aus Profitgier und Gewinnsucht keine Rücksicht auf Menschenleben nimmt.

Fragen Sie doch bitte einmal bei Ihrem Arzt nach, was eine Chemo-Therapie kostet: die Summen sind so hoch, dass Ihnen dabei leicht schwindelig werden kann! Wenn Sie schon fragen, dann informieren Sie sich bitte auch bezüglich der Statistiken der Überlebensrate von Chemotherapie-Patienten; um das Resultat vorweg zu nehmen: es sind ganze 5%!

Ja, Sie lesen richtig: 95% aller Patienten überleben die Folgen der Ganzkörper-Vergiftung durch Chemotherapie nicht und sterben binnen 5 Jahren. Leider werden Ihnen diese Fakten bei der „Beratung" meistens nicht auf den Tisch gelegt; deshalb sollte eine solche Entscheidung wirklich mehr als gut überlegt werden, denn es gibt mittlerweile hervorragende ganzheitliche Alternativen, ohne unseren Körper mit chemisch hergestelltem Gift systematisch zugrunde zu richten. Da eine elementar wichtige Entscheidung für oder gegen eine „schulmedizinische Krebs-Therapie" jedoch im Falle persönlicher Betroffenheit jeder von uns eigenverantwortlich treffen muss sind grundlegende Informationen zu alternativen Behandlungsmöglichkeiten meines Erachtens unverzichtbar und eine absolute Notwendigkeit!

Der meist beeindruckende Satz zum Thema Gesundheitsvorsorge, den ich je gehört habe, stammt von Helmut Pilhar aus Österreich, der selbst Seminare und Online-Workshops zum Thema „Neue Medizin" abhält (www.germanische-heilkunde.at) und den ich persönlich kennenlernen durfte. Seine Worte sollten uns allen als wichtige Ermahnung im Gedächtnis bleiben: „Informieren Sie sich, solange Sie gesund sind!"

Denn wenn wir uns einmal vorstellen, selbst eine lebensbedrohliche Diagnose wie Krebs zu erhalten, dann kann es uns sehr leicht passieren, vor lauter Panik nicht mehr zu wissen, was wir tun sollen! Für jeden von uns sollte unsere Gesundheit eine der wichtigsten Grundlagen in unserem Leben sein und wir sollten uns gut überlegen, ob es wirklich sinnvoll sein kann, die Verantwortung dafür komplett in meist völlig fremde Hände zu legen! Kann es wirklich richtig sein, den Blick ausschließlich auf das Symptom zu richten? Aus ganzheitlicher Sicht kann dies definitiv nicht die Lösung sein! Wir sollten uns wieder bewusst machen: Unser Körper ist eine Art Supercomputer und kann wirklich wahre Wunder vollbringen; er kann sich sogar in vielen Fällen selbst heilen, wenn wir dies nur zulassen und ihn möglichst natürlich dabei unterstützen!

Wege zur Heilung: Homöopathie

Als wunderbares Beispiel für eine energetische Variante der Heilung dient in meinen Augen die Homöopathie: die vieldiskutierte Wirkung besteht in nichts anderem als in reiner Information, die auf eine Trägersubstanz aufgebracht wird, wie Zucker (in Form von Globuli) oder Wasser (in Form einer Lösung oder einer Tinktur). Eine konzentrierte homöopathische Information ermöglicht einen gezielten Heil-Impuls, der unsere Selbstheilungskräfte aktivieren kann. Dazu möchte ich noch kurz eine Anekdote anfügen: eine gute Bekannte von mir, die damals noch keine eigenen Erfahrungen mit Homöopathie gemacht hatte, verwendete als Argument ihrer skeptischen Betrachtungsweise gegenüber homöopathischen Behandlungen, dass Globuli mit Sicherheit nichts helfen würden, da man diese ja für alle möglichen Krankheiten „gleichzeitig“ einsetzen könnte. Ihrer Meinung nach könne nicht „ein und dasselbe Mittel“ bei verschiedensten Symptomen eine Abhilfe schaffen. Ich begriff erst nach einer ganzen Weile, dass sie die Darreichungsform „Globuli“ für das einzige homöopathische Mittel hielt! ;-)

Nachdem wir darüber Klarheit geschaffen hatten, dass Homöopathie aus einer zahlreichen Palette von energetisch aufbereiteten pflanzlichen Mitteln und Tinkturen besteht, war sie dem ganzen Thema gegenüber wesentlich aufgeschlossener und sie durfte seitdem zahlreiche eigene positive Erfahrungen machen. Ich selbst lasse mich schon seit vielen Jahren homöopathisch begleiten und behandle mittlerweile meine ganze Familie, meinen Hund und meine Katzen im Bedarfsfall auf diese wunderbare und schonende energetische Art und Weise.

Den hartnäckigen Skeptikern gegenüber homöopathischer Behandlung kann ich nur empfehlen, bei Verwendung der chemischen Keulen in Medikamentenform sehr genau auf die Inhaltsangaben im Zusammenhang mit eigenen Erfahrungen betreffend schädlicher Nebenwirkungen zu achten.

Zur Vollständigkeit: laut offiziellen Statistiken zählen „schädliche Nebenwirkungen von Medikamenten“ mit zu den häufigsten Todesursachen weltweit, deshalb sollte jeder von uns genau prüfen, welche Mittel er seinem Körper zumuten möchte, denn die Folgeerscheinungen trägt jeder ausschließlich selbst!

Vorbeugende Heilung durch Impfung?

Das Thema „Impfung“ für Kinder und Erwachsene ist ein sehr brisantes und hart umkämpftes Feld, vor allem durch die große Vorherrschaft der Pharmaindustrie, die wahrscheinlich niemals freiwillig auf dieses lukrative Geschäft verzichten wird, bei der die Gesundheit von Mensch und Tier leider nur eine absolut unbedeutende Nebenrolle spielt.

Ich halte es für eine sehr erfreuliche Tatsache, dass sich immer mehr Eltern intensiver informieren, um sich mit der grundlegend wichtigen Entscheidung „pro oder kontra Impfung“ eigenverantwortlich auseinanderzusetzen und sich nicht nur auf die allgemeine Meinung und auf die zum Großteil „impfbefürwortenden“ Ärzte zu verlassen. Immer mehr Eltern entscheiden sich zum Wohle ihrer Kinder dafür, sie NICHT impfen zu lassen und ihnen damit die beste Chance zu geben, gesund und allergiefrei aufwachsen zu können.

In diesem Zusammenhang stelle ich immer wieder fest, dass die sogenannten „Impfgegner“ ihre Entscheidung meist auf Basis sachlicher Informationen begründen können, die „Impfbefürworter“ sich allerdings oft durch eine aggressive Argumentationsweise outen.

Mögliche Anfeindungen gegen Eltern von nicht geimpften Kindern durch Angestellte von Kindergärten und Schulen halte ich nicht nur für diskriminierend, sondern sogar für sehr gefährlich! Meist sind diese Menschen ausschließlich einseitig durch die Schulmedizin informiert und verschließen sich hartnäckig vor alternativen Sichtweisen und ganzheitlichen Betrachtungsweisen. Auch vor der großen Anzahl immer häufiger auftretender und nachweisbarer Impfschäden werden oft bewusst die Augen verschlossen und die Zahl der an plötzlichem Kindstod verstorbenen oder teilweise lebenslang gezeichneten Kinder wird als „vernachlässigbare Minderzahl“ abgetan.

Doch wir brauchen uns darüber nicht zu wundern, denn wie auch Dr. Rüdiger Dahlke, selbst ein ausgebildeter Schulmediziner, in seinem Buch „Peace Food“ schreibt: „Seit über 30 Jahren weiß die Schulmedizin um nachweislich falsche Diagnosemethoden (zum Beispiel die Mammographie) und Therapieformen, die jedoch bis zum heutigen Tag ohne Rücksicht auf den Patienten weiter gelehrt und täglich praktiziert werden!“ Zitat Ende

Wussten Sie übrigens, dass Patient von dem englischen Wort „patient“ abstammt und mit „der Geduldige“ übersetzt wird? Ich hoffe gemeinsam mit Rüdiger Dahlke, dass unsere Geduld nicht überstrapaziert wird und die Zeit nicht mehr allzu lange auf sich warten lässt, wo unsere Schulmedizin mit Scham und Entsetzen auf die Teilgebiete schadenbringender Irrwege zurückblickt und sich hinwendet zu ganzheitlichen Erkenntnissen zum Wohle aller Menschen.

In Zeiten der Verzweiflung kann uns der Humor von Albert Einstein helfen, hier sein Zitat: „Unendlich sind nur zwei Dinge, das Weltall und die menschliche Dummheit! Aber bei dem Weltall bin ich mir nicht ganz sicher!“ Zitat Ende

Aus ganzheitlicher Sicht ließe sich hinzufügen: Eine Impfung gegen menschliche Dummheit wäre in Einzelfällen zu befürworten! ;-)

Sollten Sie noch zu den Menschen gehören, die sich aus persönlicher Unsicherheit nur auf Anraten ihres Arztes impfen lassen, dann nehmen Sie diesen Scherz bitte nicht allzu persönlich! Vielleicht können Sie diesen Hinweis ja sogar als Anlass sehen, um sich genauer über das Thema Impfen zu informieren?

Eine gute Möglichkeit dazu bietet Dr. Stefan Lanka mit seinem ehemaligen klein-klein-Verlag, aktuell umbenannt in den wörtlich zu nehmenden Slogan: „Wissen schafft plus!“ Ausführliche Informationen finden Sie auf Lanka's Homepage: www.wissenschafftplus.de oder in der Broschüre von Veronika Widmer „Impfen – eine Entscheidung die Eltern treffen“, spannende Fakten erwarten Sie!

Sind energetische Fernbehandlungen möglich?

Damit wir dieses Thema näher betrachten können, muss ich etwas ausholen: es heißt, keine Information geht verloren und bleibt im Weltgedächtnis gespeichert. Dieses Weltgedächtnis wird mit vielerlei Namen betitelt: das Buch des Lebens, die Akasha-Chronik, die Matrix oder auch das morphogenetische Feld.

Morphogenetisch bedeutet formgebend und einer der Pioniere der Erforschung der Morphogenese ist der Biologe Rupert Sheldrake, der durch seine Bücher, wie „Der 7. Sinn der Menschen", „Der 7. Sinn der Tiere" oder „Der Wissenschaftswahn" international als Bestseller-Autor bekannt geworden ist.

Im Buch „Der 7. Sinn der Tiere" beschreibt er viele Experimente mit Hunden, die eine starke Beziehung zu Frauchen oder Herrchen haben, diese Tiere zeigen in erstaunlicher Weise eine unmittelbare freudige Reaktion, wenn die Bezugsperson sich entscheidet, den Nachhauseweg anzutreten. Das Verhalten eines Hundes wurde in seinem Zuhause gefilmt und dokumentiert: auch wenn das Frauchen/Herrchen sich zu völlig unüblicher Zeit auf den Heimweg machte, reagierte das Tier daheim stets zeitgleich, obwohl in weiter Entfernung, in begeisterter Erwartung seines Menschen. Dies zeigt uns klar auf, dass die Wahrnehmungen unserer Tiere in direkter „telepathischer" Verbindung mit uns stehen. Diese Verbindung sieht Sheldrake in den morphogenetischen Energiefeldern, an denen sich nach Expertenmeinung auch unsere Zugvögel orientieren, wenn sie ihre Reisen in ferne Länder antreten. Vielleicht kann uns die Vorstellung eines gigantisch großen unsichtbaren Netzwerks helfen, das unser ganzes Universum verbindet und wovon unser Internet nur ein winzig kleines Abbild darstellt!

Sheldrake beweist weiterhin, dass Informationen, die in einem solchen Feld gespeichert sind, unabhängig von Ort und Zeit wieder „abrufbar" sind, natürlich unter der Voraussetzung, dass der Anschluss, wie eine Telefonleitung, als Verbindung zum Feld besteht. Der Mensch besitzt die natürliche Fähigkeit, sich Zugang zu diesem unbegrenzten Informationsfeld zu beschaffen, indem er sich mental darauf ausrichtet, was natürlich ein bestimmtes Training voraussetzt. Dieses Phänomen ist nichts Fremdes für uns, denn wir praktizieren solche Fernverbindungen tagtäglich durch unser Unterbewusstsein: eine Mutter spürt zum Beispiel, ob es ihrem Kind gut geht oder ob es leidet und Schmerzen hat, ganz unabhängig davon, wo sich das Kind gerade aufhält und diese Information erfolgt über das Feld!

Ein anderes Beispiel? Sie denken intensiv an Ihre Schwester, die in New York lebt und im gleichen Augenblick ruft sie bei Ihnen an! Sie hat Ihre gedankliche Sendefrequenz empfangen und spürt in sich das Bedürfnis, sich bei Ihnen zu melden. Sicher haben Sie so etwas in ähnlicher Form schon einmal erlebt oder?

Da alles mit allem verbunden ist, können Informationen auf energetischer Basis unabhängig von Zeit und Ort über große Distanz übertragen werden. Dies ist die Grundlage für jede Fernbehandlung, der Klient muss nicht in direkter Verbindung mit dem Therapeuten stehen oder bei diesem vor Ort sein.

Durch Schwingungsübertragung ist es erfahrenen Therapeuten auch möglich, Bachblüten, homöopathische Mittel oder andere energetische Impulse ins Schwingungsfeld eines Menschen zu integrieren und dadurch dessen harmonisches Gleichgewicht wieder herzustellen, auch OHNE diese Mittel wirklich physikalisch zu verabreichen, sondern nur deren Information energetisch zu übertragen. Für viele Menschen ist diese Vorgehensweise schier „unglaublich" und schwer vorstellbar, da wir gewohnt sind, Dinge sehen und anfassen zu müssen, um uns von der Wirkungsweise zu überzeugen, doch ich möchte daran erinnern, dass wir auch Empfindungen, wie Liebe und Zuneigung nicht anfassen können und trotzdem dürfen wir ihre „Wirkung" täglich ganz deutlich spüren!

Energetisch gespeicherte Informationen in unserem Körper

Vieles in unserem Leben ist eine Frage der Information: bei einem Trauma oder einem erlebten Konfliktschock speichert unser Unterbewusstsein, gleich einer Computerfestplatte, alle wichtigen Details, die mit dem Erlebnis zu tun haben.
So werden alle Sinneseindrücke langfristig registriert, alles was Sie in diesem Augenblick gesehen oder gehört haben, alle Gerüche, die Sie gerade in der Nase hatten und sogar den Geschmack des Kaugummis, den Sie vielleicht dabei gekaut haben. Diese Speicherung dient unserem Organismus dazu, um in einer zukünftigen, ähnlich „gefahrvollen" Situation entsprechend reagieren zu können und in die automatisch ablaufende Vermeidungshaltung zu gehen.

Stellen Sie sich bitte einmal folgende Situation vor: in einer lauen Sommernacht werden Sie während eines intimen Stelldicheins auf einer Wiese völlig unerwartet gestört und „in flagranti“ erwischt. Damit haben Sie überhaupt nicht gerechnet und es trifft Sie wie ein Blitz; Sie schämen sich in diesem Augenblick furchtbar und es trifft Sie deshalb empfindlich in Ihrem Selbstwertgefühl. Da Sie in diesem Augenblick den Geruch von Wiesengras in der Nase haben, speichert der unbewusste Schutzmechanismus des Körpers diesen Duft als „potentiellen Gefahrenherd“ ab und Sie können zukünftig somit den prächtigsten Heuschnupfen entwickeln, den die Welt oder der Arzt je gesehen hat. Auf diese Art und Weise können viele unserer Allergien entstehen!

Das Problem ist hauptsächlich, dass wir uns dieser gespeicherten Ursachenkonflikte meist nicht mehr bewusst sind und immer nur das oft viel später auftretende Symptom an der Oberfläche bekämpft wird! Die gute Nachricht ist: diese Ursachenkonflikte können auf energetischer Ebene wieder „neutralisiert“ oder „umprogrammiert“ werden und zwar ohne Chemie oder Medikamente. Sie müssen nicht damit leben, im Frühjahr wochenlang zu leiden oder sich wegsperren zu müssen, wenn „Ihre“ Gräser blühen oder auch wenn Tierhaare und Hausstaub Ihnen das Leben schwer machen. Lassen Sie sich um Himmels Willen nicht einreden, dass das jeweilige Symptom von lebenslanger Dauer sein muss; auch wenn Beschwerden chronisch geworden sind, gibt es in vielen Fällen dafür geeignete alternative Lösungswege!

Unsere Heilfähigkeiten – auch zur Hilfe für andere?

Sich selbst und anderen im Rahmen natürlicher Gesetzmäßigkeiten zu helfen kann jeder von uns selbst lernen, wenn es wirklich sein Herzenswunsch ist.

Die grundlegenden Fähigkeiten dazu trägt jeder von uns in sich! Die notwendigen Kenntnisse, die IMMER auf den Natur- oder Schöpfungsgesetzen beruhen, kann man in geeigneten Seminaren und mit Hilfe eines verantwortungsvollen Therapeuten oder Coachs wiederfinden. Auf diese Weise kann sich jeder ernsthaft Interessierte wieder mit seinen natürlichen Heilkräften rück-verbinden, um damit entweder sich selbst, seinen Familienangehörigen oder auch anderen Menschen im Bedarfsfall eine segensreiche Hilfe sein zu können.

Wer sich berufen fühlt und sich mit wiederentdeckten Heilfähigkeiten verbinden möchte, sollte allerdings neben der fachspezifischen Ausbildung auch lernen, sein eigenes Ego bei einer energetischen Behandlung zur Seite zu stellen, um mit einer demütigen Einstellung als Werkzeug oder Brücke für lichte Kräfte dienen zu können. Denn nur unsere geistigen Helfer wissen wirklich ganz genau, was ein Mensch dringend benötigt, um wieder ganzheitlich in Harmonie sein zu können!

Ich finde es auch eine sehr wichtige Grundlage anzuerkennen, dass nicht in jedem Fall eine sichtbare Besserung oder vollkommene Genesung erreicht werden kann: denn es gibt Fälle, in denen wir noch eine Zeit lang unsere Krankheitssymptome oder unsere Beschwerden brauchen, um notwendige und wichtige Erfahrungen sammeln zu können, die eine wichtige Einsicht oder einen erforderlichen Sinneswandel bewirken, was erst dann eine ersehnte Heilung oder vollkommende Genesung möglich macht!

Die Schwächen unserer Heilfähigkeiten

Während jeder energetischen Heilbehandlung sollte sich der „Heiltätige" mit den lichten Kräften der geistigen Welt zu verbinden suchen und darum bitten, dass das BESTE für den Hilfesuchenden geschehen mag! Eine Grundvoraussetzung für die energetische Arbeit mit hilfesuchenden Menschen ist eine objektive und erwartungsfreie Betrachtungsweise, allerdings bereitet es uns große Schwierigkeiten „wirklich neutral" zu sein, wenn wir selbst direkt betroffen sind!

Zumindest habe ich diesen Effekt so bei MIR festgestellt und viele Therapeuten, mit denen ich befreundet bin, geben mir in dieser Ansicht völlig recht. Viele eigene Sabotageprogramme und unbewusste Automatismen, die auch jeder heilenergetisch Tätige noch in sich trägt, können uns unbewusst beeinflussen und behindern, um wirklich objektiv und absichtslos gegenüber eigenen Familienmitgliedern oder sich selbst agieren zu können. Wir sollten uns die Tatsache eingestehen, dass auch ein berufener

Helfer von Zeit zu Zeit selbst Hilfe brauchen kann, und dies sollten wir nicht als Schwäche empfinden, sondern ganz im Gegenteil: als eine große Stärke!

Die Möglichkeiten der Heilenergetik: Hilfe bei körperlichen und seelischen Symptomen

Auf meiner Homepage (www.margit-strasser.de) versuche ich auf der Seite „Meine Arbeit", durch die von mir konzipierte und angewandte Methode „Heilenergetik", die Wirkungsweise der Selbstheilungskräfte unseres Körpers mit den Bildern unserer Vorstellungswelt in Übereinstimmung zu bringen. „Stellen Sie sich bitte einmal unser ganzheitliches Energiesystem als Wasserrohr-System vor: in vielen Rohren befinden sich Ablagerungen oder Verstopfungen in Form von traumatischen Erlebnissen oder negativen Erfahrungen, die zum Teil ihre Ursachen in der Kindheit haben oder ganz im Unbewussten liegen.

Die Energie in unserem „Rohrsystem" kann nur noch zu einem Bruchteil des tatsächlichen Volumens fließen. Befinden sich sehr viele Ablagerungen in den verschiedenen Rohren, kann sich körperliche oder seelische Krankheit manifestieren, und es besteht sogar die Gefahr eines Zusammenbruchs des Gesamtsystems. Unser Körper symptomatisiert in Form von Krankheiten, Überforderungskennzeichen, Ängsten oder Depressionen als eine seiner möglichen Ausdrucksweisen und unsere Seele schreit somit laut um Hilfe. Meist werden die verschiedenen Symptome durch Medikamente ruhig gestellt, was leider die Ursache nicht beseitigt und nur das Gesamtsystem auf lange Sicht immer mehr belastet. Durch eine energetische Heilbehandlung können die Wege wieder frei gemacht werden und die Energie kann wieder fließen. Es kann sich ein harmonischer und gesunder Kreislauf einstellen, der uns wieder ganzheitlich „heil" sein lässt und körperliche oder seelische Fehlsteuerungen zum Abklingen bringen lässt!" Zitat Ende

Die grundlegende Vorgehensweise der von mir praktizierten Methode der Heilenergetik besteht darin, als Werkzeug, Brücke oder Transformator für lichte Kräfte zu dienen, die schon immer da waren und immer da sind, für jeden Menschen, der die positive Verbindung sucht und Hilfe annehmen möchte. Die Selbstheilungskräfte des Empfängers können damit in Resonanz gehen und verursachende Blockaden manchmal in kürzester Zeit transformiert werden.

Die Selbstheilungskräfte unseres Körpers wissen ganz genau, was zu tun ist, in bestimmten Fällen funktioniert dies sogar ohne das bewusste Zutun des Empfängers. Dieser bräuchte im Prinzip sein Problem nicht einmal zu benennen, doch die Bereitschaft dazu kann die Wirkung von energetischen Heil-Impulsen verstärken: der Wunsch zum Loslassen des Konfliktes wird signalisiert und es kann wieder vermehrt eigene Energie fließen. Dieser harmonische Zustand kann dauerhaft unterstützt werden, indem der Klient die Bereitschaft mit sich bringt, über seine Verletzungen offen zu sprechen und somit neue Erfahrungen und positive Veränderungen zuzulassen. Erfahrungswerte aus der Praxis zeigen auch, dass sich zu einem Konfliktthema ein weiteres hinzugesellen kann und ebenfalls nach Hilfe schreit oder dass sich hinter dem Erstkonflikt noch ein viel tieferes Problem verbergen kann, was dann den sogenannten Primär- oder auch Ursachenkonflikt darstellt. Eine solche Entwicklung kann durchaus positiv gewertet werden, weil dann die Weisheit unseres Unterbewusstseins den Genesungsprozess steuert!

Energetische Heilung von Tieren

Bei Tieren ist die Wirkung einer energetischen Behandlung meist noch viel effektiver und deutlicher sichtbar, da sich die menschlichen Verstandeszweifel nicht abschwächend auswirken und das Ergebnis beeinflussen können. Auch haben Tiere keine karmischen Rückwirkungen abzulösen, weil sie im Gegensatz zum Menschen keinen freien Willen besitzen. Jedoch sollte bei körperlichen Symptomen und veränderten Verhaltensweisen von Tieren stets berücksichtigt werden, dass uns unsere Tiere in vielen Fällen unsere eigenen Themen und Unzulänglichkeiten als unsere Lernaufgaben spiegeln.

Als Beispiel für die Wirkungsweise einer energetischen Behandlung eines Hundes kann ich hier die Angst vor Gewittern bei unserem eigenen Hund Lightning anführen. Urplötzlich trat diese bei ihm im Alter von circa 5 Jahren das erste Mal in Erscheinung, ohne dass es einen erkennbaren Grund dafür gegeben hätte.

Im Gegenteil, da wir unseren Hund seit seinem Welpenalter bei jeder Gelegenheit mitnahmen und er das erste Silvester seines jungen Hundelebens mit 4 Monaten bravourös überstanden hatte, waren wir immer stolz darauf, einen ruhigen, gefestigten Hund zu besitzen. Es konnte schon mal ein Glas neben ihm zu Boden fallen und zerbrechen, er ließ sich dadurch nicht aus der Ruhe bringen und blieb nur mit einem Blick liegen, der aussagen sollte: „Ich-war's-nicht!" Deshalb waren wir auch sehr erstaunt über seine plötzlich auftretende, ziemlich heftige Angst vor Gewittern; vielleicht hatte er sich irgendwann doch einmal heftig erschreckt, während er alleine zu Hause war?

Nach zwei energetischen Behandlungen waren seine übertrieben furchtsamen Reaktionen dem Donnern gegenüber zwar nicht völlig verschwunden, aber doch wesentlich abgemildert worden. Er bevorzugte zwar noch immer seinen sicheren Platz in seinem Korb im Wohnzimmer, aber er gab keine klagevollen Jammerlaute mehr von sich und ließ das Gewitter vorüberziehen, als das was es eben war: ein zeitlich begrenztes Naturschauspiel.

Unmöglich ist nur das, was wir für unmöglich halten!

Auch die wissenschaftlich orientierten Sichtweisen von Menschen wie Dr. Rüdiger Dahlke oder dem Zellbiologen Dr. Bruce Lipton sehen die Ursachen von körperlichen und seelischen Leiden in unseren Überzeugungen und Sichtweisen. Jeder Mensch kann leicht nachvollziehen: wenn wir uns in einem Zustand von Angst, Ärger, Missgunst, Neid, Eifersucht, Verzweiflung, Hass oder Depression befinden, engen wir die positive Resonanzfähigkeit unseres Bewusstseins so stark ein, dass wir die ganze Welt in dieser Seelenstimmung verdunkelt wahrnehmen. In unserer eingeengten Sichtweise und Vorstellung erkennen wir dann meist nur negative Botschaften und Ereignisse und müssen dadurch letztendlich diese Konflikte auch wirklich selbst erleben. Unser Bewusstsein erschafft unsere Wirklichkeit, unsere Überzeugungen und Sichtweisen spiegeln sich somit in unserem Umfeld wieder!

Heilenergetische Behandlungen können uns die Möglichkeit einer positiven Veränderung bieten, damit wir unseren Blickwinkel wieder verstärkt auf die guten Seiten unseres Lebens richten können, zugunsten von Liebe, Glück, Erfüllung, Zufriedenheit, Lebensfreude und ganzheitlicher Gesundheit. Die Grundvoraussetzung dafür ist die persönliche Entscheidung jedes Einzelnen, eine gewünschte Veränderung auch wirklich ernsthaft zu wollen und bereit zu sein, sein Bestes dafür zu tun!

Jeder von uns kann lernen, einen positiven Einfluss auf sein eigenes Leben zu nehmen. Es liegt an jedem von uns selbst, eigene Begrenzungen aufheben und unbewusste Blockaden lösen zu wollen, um damit bewusst positive Veränderung für unser Familienleben, unsere Partnerschaft, unser Berufsleben oder andere betroffene Lebensbereiche einzuladen. Die Kraft unserer Vorstellung und echten Überzeugung im Einklang mit natürlichen Gesetzmäßigkeiten kann unser Leben verändern und sogar anscheinend „Unmögliches“ möglich machen!

KAPITEL ENERGETISCHE EINFLÜSSE, WAHRNEHMUNG UND INTUITION

Selbsterzeugte Gedankenformen und Fremdenergien

Wir alle erzeugen durch unsere eigenen Gedanken und Emotionen bestimmte Energieformen, die sich im Farbspektrum unserer Aura wiederfinden lassen und die sich sowohl positiv als auch negativ auf uns und andere auswirken können. Gefühle, wie Freude, Begeisterung oder Dankbarkeit zählen zu unseren positiven Energieformen mit dementsprechend aufbauenden Ausstrahlungen. Unsere Ängste, Sorgen, Befürchtungen und ähnlich geartete Emotionen gehören zu unseren selbst erzeugten „negativen Energieformen", die uns energetisch beeinflussen können, indem unsere Gedanken dauernd um ein bestimmtes Thema kreisen und zum überwiegenden Anteil aus negativen Denkmustern bestehen. Es kann sehr hilfreich sein, zu wissen, dass positive Energieformen eine höhere Frequenz haben und dementsprechend höher schwingen, als negative Energieformen, die viel niedriger schwingen. Dem Naturgesetz der Schwere entsprechend, können wir uns somit vorstellen, wie die Schwingung unseres ganzheitlichen Energiesystems uns energetisch „leichter oder schwerer" macht, abhängig von der aktuellen Beschaffenheit unserer Gedanken- und Gefühlswelt.

Allerdings passiert es auch häufig, dass sich unsere eigene energetische Ausstrahlung mit „fremderzeugten" Energieformen verbindet, indem wir gleichartig geformte Energien dem Gesetz der Resonanz zufolge wie ein Magnet anziehen, wodurch eine massive Verstärkung unserer eigenen Thematik entstehen kann. Was genau sind nun eigentlich „fremderzeugte Energieformen"?

Wir unterscheiden wiederum positive und negative Fremdenergien: positiv fremderzeugte Energien, die wir deutlich spüren können sind Liebe, Zuneigung, Freundschaft, Sympathie oder Toleranz, die uns andere Menschen auf Herzensebene entgegen bringen. Aber leider machen wir in heutiger Zeit viel öfter Bekanntschaft mit negativen fremderzeugten Energien, wie Neid, Hass, Zwietracht, Rachsucht, Intoleranz, Eifersucht, Habgier oder ähnlich gearteten „fremden Ausstrahlungen".

Kennen Sie das Gefühl, das aufkommen kann nach einem „Bad" in einer großen Menschenmenge und hatten Sie danach vielleicht das starke Bedürfnis nach einer Dusche? Haben Sie schon einmal die Energie von Neid bei einem Menschen fast körperlich gespürt, wenn Sie freudestrahlend eine neue Errungenschaft präsentiert haben? Konnten Sie während eines heftigen Streites eventuell Gefühle von Hass und Rachsucht bei Ihrem Kontrahenten wahrnehmen? Haben Sie sogar irgendwann schon einmal gespürt, dass Ihnen ein anderer Mensch absichtlich etwas Schlechtes gewünscht hat?

Wenn Sie eine dieser Fragen mit „JA" beantworten können, dann haben Sie die alltäglichen Auswirkungen von Fremdenergie bereits an sich erlebt!

Genau so, wie wir die energetischen Ausstrahlungen von einzelnen Menschen nachfühlen, können wir auch dementsprechende Botschaften von kollektiven Energiefeldern wahrnehmen und deren massive Beeinflussungen spüren. Zum Beispiel die überall weit verbreitete Angst vor Krankheit, die ganz bewusst geschürt wird durch die Profitgier der Pharmaindustrie oder auch die Angst vor dem Alter mit dem daraus entstandenen Jugendwahn, gezielt gesteuert durch die Schönheitsbranche mit ihren „Dienstleistungs-Unternehmen", die schon unsere Mädchen im Teenageralter dazu auffordern sich unters Messer zu legen, um alles wegzuschneiden, was nicht dem Schönheitsideal unseres Zeitgeistes entsprechen kann! Wir sollten auch auf die geballten Ladungen an schlechten Nachrichten in den Medien achten, die uns extrem „runterziehen" können, wenn wir es nicht schaffen, uns von diesen fremdenergetischen Manipulationen abzugrenzen.

Nicht zu unterschätzen sind die Auswirkung von Gewaltenergien, die wir leider überall in unserem Alltag wiederfinden können: im Fernsehprogramm mit Horrorfilmen und Psychothrillern, in der virtuellen Welt der (Gewalt-)Spiele und im Internet, wo allen Menschen, die Gewalt verherrlichen und Hass predigen, jede Gelegenheit gegeben wird, um ihre „Bösartigkeiten" zu präsentieren. Wir werden tagtäglich mit destruktiven Energien „berieselt" und merken oft gar nicht mehr, wie sehr wir dabei abstumpfen! Doch leider sorgt der ständige Einfluss von Gewaltenergie nicht nur dafür, dass ein Großteil unseres natürlichen Mitgefühls abgetötet wird, sondern es können dadurch auch unsere natürlichen „Hemmschwellen" niedergerissen werden, wodurch Menschen dazu gebracht werden können, auch in unserer „wirklichen Welt" widernatürliche Gewalt anzuwenden oder abartige Verbrechen zu begehen, wenn er den Keim dazu schon in sich trägt, der dann gesetzmäßig von fremden, aber gleichartigen Energien verstärkt wird.

Oft genügt schon der berühmte kleine Funke, der nur überspringen muss, damit sich Menschen zu Verhaltensweisen hinreißen lassen, an die sie sich später oft gar nicht mehr erinnern können und die ihnen im Nachhinein furchtbar leid tun.

Kennen Sie den Bibelspruch: „Denn Sie wissen nicht, was Sie tun?" Wenn wir uns bewusst oder unbewusst in negativen Fremdenergien „baden", kann es uns irgendwann passieren, dass wir nicht mehr wir selbst sind, letzten Endes nicht mehr der „Herr unserer Sinne!"

Unser menschliches Navigationsgerät: die Intuition!

Ich bin mittlerweile, nach über fünfzehn Jahren Praxistätigkeit, absolut davon überzeugt, dass JEDER von uns stark erweiterte Fähigkeiten, jenseits seiner fünf körperlichen Sinne, als natürlichen Ausdruck der vollkommenen Schöpfung mit in dieses Leben gebracht hat; nur leider wissen die Meisten von uns nicht mehr damit umzugehen.

Mir selbst ging es so, dass ich Menschen wegen ihrer Fähigkeiten in den Bereichen erweiterter Sinneswahrnehmung (Hellsichtigkeit, Hellfühligkeit, Medialität, Channeling, etc.) stark bewunderte, mir aber selbst etwas Derartiges nie im Leben zugetraut hätte! Ich zählte mich stets zu den typischen Durchschnittsmenschen, die zwar ihren Verstand gebrauchen konnten, aber sonst in keiner Weise „auffällig" waren. Ich erinnere mich noch gut daran, als ich das erste Mal zu einem Einzel-Coaching in meinem damaligen Ausbildungs-Institut erschien, um meine Intuition zu schulen; ich ging davon aus, dass dies ein hartes Stück Arbeit für mich werden würde! Nachdem ich mich mit meinem damaligen Lehrer über die grundlegenden Gesetze des Lebens unterhalten hatte, signalisierte er mir mit einem Augenzwinkern seine Wahrnehmung über eine meiner Begabungen, die er als „Hellfühligkeit" bezeichnete, was mich damals sehr erstaunte und sehr gemischte Gefühle in mir hervorrief!

Nachdem ich mich von meinem anfänglichen „Schock" erholt hatte und vorsichtig die ersten „übersinnlichen" Wahrnehmungsübungen praktizierte, war ich sehr erstaunt, wie leicht mir dies gelang. Es bereitete mir nach einer kurzen Zeit der Einstimmung keinerlei Schwierigkeiten, die gestellten Aufgaben zu lösen. Mein damaliger Lehrer, der stets betonte, man könne diese Talente nicht lernen, sondern einfach nur wiederentdecken, bezeichnete mich in dieser Lernphase als „Ausnahmeschülerin". Anfangs konnte ich mir dies ganz und gar nicht vorstellen, nahm es jedoch als Motivationsversuch dankbar an und wunderte mich später einfach nur darüber, wie leicht mir meine ersten Gehversuche auf diesem völlig neuen, aber unglaublich interessanten Gebiet gelungen waren. Aus heutiger Sicht denke ich, dass ich einen freundlichen Schubs aus der geistigen Welt bekommen habe, den jeder bekommen kann, wenn er diese lichten Verbindungen nur wirklich ernsthaft anstrebt! ;-)

Ich staunte also weiter über mich selbst und die Ergebnisse meiner Aufgabenstellungen: ich bekam durch die konzentrierte Nutzung meiner zum Großteil „unbewussten Sinne" die gewünschten Hintergrundinformationen zu unbekannten Namen von völlig fremden Menschen, konnte deren Energiefeld spüren und sogar gesundheitliche Zusammenhänge mit damit verbundenen Ursachen und entsprechenden Konfliktthemen erkennen. Ich lernte unter anderem, mich mental in die Grundenergien von Adressen und Orten einzufühlen und mich dort „umzusehen" oder belastende Energien in Form von vergangenen Ereignissen wahrzunehmen. Ich konnte die Ausstrahlungen von fremden Menschen auf Photos „lesen", aussagekräftige Antworten auf Fragen in verschlossenen Umschlägen finden und vieles mehr. Aber als Wichtigstes lernte ich, mich immer häufiger und besser auf meine Intuition zu verlassen und mir „meiner SELBST" immer sicherer zu werden.

Mittlerweile charakterisiere ich unsere menschliche Intuition als unser „serienmäßig eingebautes Navigationsgerät" und zwar das Beste, das es gibt, jedem technischen Gerät oder Computer haushoch überlegen! Leider wissen wir in den meisten Fällen nicht mehr damit umzugehen und wir bringen unseren

Kindern fast nur noch verstandesorientierte Dinge bei, Produkte unseres zum Großteil materialistisch geprägten Weltbildes, was in meinen Augen einen großen Rückschritt in der menschlichen Entwicklung bedeutet! Anstatt uns wieder verstärkt auf diese wertvollen, fast verlorengegangenen Fähigkeiten zu konzentrieren, lassen wir uns leider im Alltag von vielen unglaublich „wichtigen“ Dingen ablenken (oder vielleicht sogar gezielt abhalten?) und vernachlässigen das Training unserer außergewöhnlichen Sinne. Wir haben dafür einfach keine Zeit! Ehrlich keine Zeit? Fakt ist: Zeit hat jeder von uns gleich viel zur Verfügung, es sind dies am Tag genau vierundzwanzig Stunden für jeden von uns. Sollten wir uns deshalb nicht besser fragen, wie und wofür wir unsere Zeit verwenden?

Natürlich müssen wir arbeiten, um unseren Lebensunterhalt zu verdienen, doch in der verbleibenden Frei-Zeit unterwerfen sich viele Menschen frei-willig dem vielzitierten „Freizeit-Stress“. Das heißt: wir widmen uns möglichst intensiv unseren Hobbies und Leidenschaften, ein Wochenende ohne Ablenkung ist keine Erholung, dazu trinken manche möglichst viel Alkohol oder konsumieren anderweitige Drogen, um die Alltagssorgen zu vergessen, die sie allerdings spätestens am „Tag danach“ wieder vehement einholen. Wie mit allen Dingen im Leben ist es so, dass uns ein bewusster Umgang mit Genussmitteln wie Alkohol nicht schadet; es kommt immer darauf an, ob der Mensch sich unter Kontrolle hat oder ob seine Neigung sich im schlimmsten Falle zur unkontrollierbaren Sucht entwickeln und dadurch großen Schaden anrichten kann!

Letztendlich muss jeder von uns selbst entscheiden, wie er seine wertvolle Lebenszeit nutzt und worauf er seine Lebensenergie konzentriert ausrichtet. Allerdings sollte jedem von uns, der seine natürlich angelegten Sinne trainieren und zum Nutzen für sich selbst und andere einsetzen möchte, auch vollkommen bewusst sein, dass eine gesunde Ernährung und eine ganzheitlich orientierte Lebensweise die Grundvorrausetzung ist, damit wir die Stimme unserer Intuition wahrnehmen und uns von unserem eingebauten Navi zielsicher und erfolgreich durch unser Leben steuern lassen können!

Außersinnliche Wahrnehmung und unser sechster Sinn

Was also vor Beginn meiner eigenen Erfahrungen auf dem Gebiet erweiterter Sinneswahrnehmungen für mich schwer vorstellbar und schon fast Utopie war, praktizieren Regierungen, Militär und Geheimdienste seit vielen Jahrzehnten und nennen es schlicht ASW, das ist die Kurzform für „Außersinnliche Wahrnehmung". Zu diesem Thema gibt es mittlerweile viele spannende Bücher. Wer sich damit näher beschäftigen möchte, dem kann ich das Buch von Ingo Swann empfehlen, es trägt den Titel: „Der sechste Sinn. Entdecken Sie ihre außersinnlichen Fähigkeiten."

In seinem Buch schildert der Autor auf überzeugende Weise die Vorgehensweisen von Mitgliedern geheimer Spionage-Projekte beim Militär; Swann war dort viele Jahre nicht nur Team-Member (Mitglied), sondern sogar Projekt-Entwickler für „Remote-Viewing". Hier ein Auszug von Wikipedia zum Thema Fernwahrnehmung: „Die Technik des Remote Viewing basiert darauf, dass der Viewer (Seher) durch eine außersinnliche Technik versucht, Objekte oder Vorgänge wahrzunehmen, die er mit seinen gebräuchlichen fünf Sinnen nicht erfassen kann. Das zu erfassende Ziel (target) kann räumlich und/oder zeitlich entfernt liegen." Zitat Ende

Laut Swann werden speziell ausgebildete „Fachleute" sogar für „Kriegszwecke" eingesetzt, um sich von potentiellen Feinden „telepathisch" wichtige Informationen bezüglich Dokumenten oder strategischen Vorgehensweisen zu beschaffen. Im Klartext: Telepathie und andere Fernwahrnehmungs-Möglichkeiten werden längst für geheime Projekte offiziell genutzt; das all-gemeine Volk wird aber darüber gezielt im Unwissen gehalten! Finden Sie das nicht auch sehr interessant?

Ich möchte Ihnen wirklich versichern: wenn Sie sich wieder auf Ihre eigenen „außergewöhnlichen" Fähigkeiten konzentrieren und die erforderliche Zeit an „Trainingseinheiten" investieren, können Sie den Zugang zu Ihrer Intuition mit Sicherheit wiederfinden! Wenn Sie zwischendurch an sich zweifeln, dann kann ich Sie mit meinen persönlichen Erfahrungen trösten: glauben Sie, ICH hätte mir in meinen ausschließlich verstandesorientierten Jahren vorstellen können, einmal auf energetischer Basis mit anderen Menschen zu arbeiten? Zugang zu Informationen zu bekommen, bei denen unser Verstand mit seiner Logik an seine Grenzen stoßen muss?

Bilder von Geschehnissen und Ereignissen zu „channeln" oder gezeigt zu bekommen, die einem Klienten helfen können, längst vergangene Ursachenkonflikte bei sich zu verstehen und daraus zu lernen? Meist sehr einfache Lösungsansätze für Probleme eines Klienten aus der geistigen Welt angeboten zu bekommen? Meine Antwort wäre gewesen: nie und nimmer!

Wahrscheinlich hätte ich jeden Menschen laut ausgelacht, der mir so etwas angekündigt hätte. Doch jetzt bin ich überzeugt: „wer suchet, der findet", wie schon in der Bibel steht und „wer klopfet, dem wird aufgetan"; sinnbildlich ist für mich damit gemeint, dass uns das Leben oft sehr kreative Möglichkeiten zuführen kann, wenn wir es nur wollen, beziehungsweise „zulassen" wollen.

Als Voraussetzung dazu müssen wir unseren Verstand an DIE Stelle setzen, wo er hingehört und wo er uns als hilfreiches Werkzeug dienen kann; wir dürfen ihn keinesfalls an die oberste und wichtigste Stelle setzen. Nur wenn wir unsere Antennen in die gewünschte Richtung ausfahren und unsere Sendefrequenz auf die gewünschten Kanäle einstellen, ist auch der Empfang möglich und wir können Bilder, Töne, Wörter oder Gefühle als „Informationen" empfangen, unserer ureigenen, individuellen Art entsprechend, die uns helfen können, die Antworten auf unsere wichtigen Fragen zu finden!

Am Anfang kann es harte Arbeit sein, den Zweifel bei sich auszuschalten; automatisch entstehen Gedanken wie „Du bildest Dir das nur ein" oder „Du bist verrückt"! Was bedeutet eigentlich verrückt? Für mich war es sehr hilfreich zu verstehen, dass ver-rückt bedeutet „nicht am richtigen Platz zu stehen" oder „nicht der Norm zu entsprechen". Meine Frage ist: was ist die Norm? Die Schublade, in die wir Menschen am besten schon vom Kindesalter an einsortiert werden? Hat nicht jeder von uns seine einzigartigen und individuellen Veranlagungen oder kennen Sie auch nur zwei vollkommen gleichartige Menschen auf dieser Welt? Sogar bei eineiigen Zwillingen können wir individuelle Charaktereigenschaften entdecken. Und trotzdem differenzieren und klassifizieren wir ständig in „normal" und „unnormal"; steht uns das wirklich zu oder machen wir uns dadurch, wenn wir ehrlich sind, oft nur selbst das Leben unnötig schwer? ;-)

Unsere Fähigkeiten und Begabungen aus karmischer Sicht

Viele unserer außersinnlichen Wahrnehmungen oder erweiterten Sinneswahrnehmungen wurden zum Großteil in vergangenen Inkarnationen bereits entwickelt und in dieses Leben mitgebracht; deshalb können wir solche Begabungen meist auch nicht lernen, sondern besser „wiederentdecken". Hat sich also ein Mensch in langer Vergangenheit großes Fachwissen angeeignet, zum Beispiel in Kräuterkunde, Naturheilwissen, Astrologie, Alchemie oder in den vielen verschiedenen Formen der

Heilkunst, dann erklärt dies unsere natürlichen „Begabungen und Talente“ auf den entsprechenden Gebieten.

Was hindert uns dann so oft daran, diese Begabungen, Talente und Stärken zu leben und etwas daraus zu machen? Eine Erklärung dafür können mitgebrachte, oft unbewusste Blockaden sein, die entstanden sein können, indem einer von uns ausgeübten Tätigkeit von neid- oder hasserfüllten Menschen auf grausame Weise ein jähes Ende gesetzt wurde. Wurde zum Beispiel eine Frau schon einmal in einer vorausgegangenen Inkarnation als „Hexe“ verbrannt, weiß unser Unterbewusstsein sehr gut, sich im Hier und Jetzt vor solchem Wissen oder solcher Tätigkeit zu schützen, um nicht noch einmal der Gefahr ausgesetzt zu sein, das Leben auf gewaltsame Art zu verlieren. Diese karmischen Erlebnisse oder traumatischen Erfahrungen werden in unserem ganzheitlichen Energiesystem gespeichert und können sich in dieser Inkarnation auf die verschiedenste Art und Weise auswirken. Energetische Blockaden können nicht nur in unserem Unterbewusstsein, sondern sogar in unseren Körperzellen abgespeichert sein und sich dadurch auch physikalisch in Form einer Lernschwäche, eines Krankheits-Symptoms oder einer Behinderung ausdrücken. Wer mehr zu diesem spannenden Thema erfahren möchte, dem empfehle ich das Buch von Ulrike Vinmann mit dem Titel: „Das Zellgedächtnis“.

Eine in meinen Augen SEHR WICHTIGE Erkenntnis möchte ich an dieser Stelle noch an alle interessierten Leserinnen und Leser weitergeben: die überall lauernde Gefahr von negativer

Beeinflussung durch dunkle Mächte des Diesseits und des Jenseits. Diese dunklen Wesen versuchen lichtsuchende und vorwärtsstrebende Menschen in ihren verderbenbringenden Einfluss zu bringen, um sie zum Spielball ihrer unseligen Leidenschaften zu machen. Diese Kreaturen möchten ganz gezielt verhindern, daß wir unsere „übersinnlichen Fähigkeiten“ wieder entdecken, mit denen wir sowohl uns selbst als auch anderen Menschen ein Stück weiterhelfen könnten! Wir müssen diese lichtfeindlichen Mächte aber nicht fürchten, wenn wir das wirklich gute Wollen und die Bereitschaft in uns tragen, unsere Lernaufgaben anzunehmen und uns (und unsere Sinne) weiter zu entwickeln, denn dann werden wir auch stets die für uns geeigneten Hilfen finden, um „gut geleitet“ ein weiteres Stück unseres Lebensweges gehen zu können.

Ich möchte diese Erfahrungen nie wieder missen, denn durch das Miteinbeziehen meiner „außersinnlichen“ Wahrnehmungs-Fähigkeiten kann ich meine Klienten in meiner „Ganzheitlichen Beratungspraxis“ noch effektiver unterstützen. Wenn unsere lichten Helfer ihr Einverständnis geben und bedeutsame Zusammenhänge aus karmischer Sicht in Verbindung mit dem Hier und Jetzt begreifbar machen, dürfen wir den Sinn von Leid, Krankheit, Unfall, Gewalt oder anderen prägenden Lebenserfahrungen aus höherer Sicht betrachten und dadurch besser verstehen.

Dann können wir im Lauf der Zeit mit vielen herausfordernden Lebenssituationen leichter umgehen und möglicherweise unseren inneren Frieden wiederfinden.

Ich wünsche Ihnen von ganzem Herzen, dass auch Sie Ihre - vielleicht noch verborgenen - außergewöhnlichen Fähigkeiten in sich „wiederentdecken“; Sie werden feststellen, dass Ihr Leben dadurch in allen Bereichen „erfüllter“ und „reicher“ werden kann. Wenn Sie im Augenblick nicht genau wissen wie Sie den Zugang finden, dann kann Ihnen die Analyse Ihres Geburtshoroskops oder ein Intuitions-Coaching bei dieser Suche eine sehr wertvolle Hilfe sein!

Belastungen und Besetzungen durch Jenseitige

Eine weitere große Gefahr, deren wir uns bewusst sein sollten, besteht in der energetischen Verbindung mit jenseitigen Seelen, die durch Süchte oder andere hemmende Veranlagungen noch erdgebunden sind und nur darauf warten, ihre Hänge und Abhängigkeiten durch Verbindungen mit gleichartig veranlagten Menschen noch einmal „wiederbeleben“ zu können.

Zur Erklärung: Menschen, die zu Lebzeiten von ihren Süchten nicht lassen können, nehmen ihren Hang mit hinüber in jenseitige Gefilde.

Glauben Sie nicht, dass, wenn Sie bis zum letzten Atemzug von Drogen, Rauchwaren, Alkohol, Tabletten oder anderen Suchtmitteln nicht loslassen konnten, Sie dann in jenseitigen Dimensionen automatisch davon befreit sind! Wie das Wort „Hang“ schon veranschaulicht, hängen oder binden sich solche

Menschen an bestimmte Dinge oder Verhaltensweisen und verspüren auch nach ihrem Ableben noch weiterhin den Drang in sich, dieses Bedürfnis irgendwie auszuleben. Wenn der eigene Körper dafür nicht mehr zur Verfügung steht, kann dieser Sucht weiterhin gefrönt werden, indem sich jenseitige Seelen an „gleichartig orientierte", noch auf der Erde lebende Personen anhaften, um dadurch weiterhin in den Genuss der geliebten Droge oder des gewohnten Verhaltens kommen zu können.

Es gibt unzählig viele Dinge, nach denen wir süchtig sein können. Beispiele dafür können sein: Ess-Süchte (Fress-Sucht/übermäßig viel essen oder süchtig nach einem bestimmten Lebensmittel oder Süßigkeiten), Alkohol, Nikotin, Drogen, Medikamente, Streitsucht, Fernsehsucht, Spielsucht, Computersucht, usw.

Es ist auch möglich, nach einem bestimmten Menschen „süchtig" zu sein, indem man davon überzeugt ist, ohne diesen nicht mehr leben zu können. Selbstverständlich fallen unter das Thema „Hänge" auch persönliche Verhaltensweisen, wie zum Beispiel aggressive Durchsetzung unter Gewaltanwendung, leidensvolle Opferhaltung, manipulatives Verhalten durch Beeinflussung und vielerlei mehr, von dem wir uns frei-willig, also mit unserem freien Willen, nicht distanzieren können. Wenn wir unsere destruktiven Neigungen nicht in den Griff bekommen, können diese Ankerpunkte von Jenseitigen ausgenutzt werden und uns dadurch nicht nur massiv beeinflussen, sondern in vielen Fällen sogar komplett „fremd steuern!"

Wer sich mit diesem interessanten Thema gerne intensiver auseinandersetzen möchte, dem empfehle ich das Buch von Dr. med. Carl Wickland mit dem Titel „30 Jahre unter den Toten".

Wickland war amerikanischer Arzt und Leiter des "National Psychological Institute" in Kalifornien, er untersuchte 30 Jahre lang mit Hilfe seiner Frau, die als Medium fungierte, geisteskranke Straftäter, die sich im bewussten Zustand nicht mehr an den Tathergang ihrer Verbrechen erinnern konnten. Nach Meinung der gängigen Schulmedizin waren sie nicht mehr „Herr ihrer Sinne" und wurden somit in der Irrenanstalt verwahrt. Dr. Wickland war überzeugt, es mit „Besessenen" zu tun zu haben, die energetische Anhaftungen von Jenseitigen aufzeigten und unter deren Beeinflussung standen.

Er interviewte diese Abgeschiedenen, die zum großen Teil sogar erfreut waren, sich mit Hilfe seiner Frau wieder bemerkbar machen zu können und erzählten dem Arzt bereitwillig ihre Geschichten. Nachdem sich Dr. Wickland deren Sorgen und Nöte nicht nur angehört, sondern oft auch noch wichtige Dinge für sie geklärt und erledigt hatte, waren die „Besetzer" meist bereit gewesen, ihre „Opfer" freiwillig wieder zu verlassen und in jenseitigen Dimensionen ihrer Wege zu gehen.

Damit wurde die Voraussetzung zur Genesung für die Patienten von Dr. Wickland geschaffen, die oft in erstaunlich kurzer Zeit vollkommen gesund waren und zukünftig keinerlei auffällige Verhaltensstörungen mehr aufwiesen.

Auch der weltweit bekannte Autor Eckhart Tolle weist in seinem Buch „Eine neue Erde“ auf die große Gefahr von Besetzungen durch Jenseitige hin: „Wir werden oft beeinflusst von Jenseitigen, die nur darauf warten, ihre negativen Prägungen durch einen lebendigen Menschen wieder „ausleben“, sprich nachempfinden zu können, in dem sie zumindest teilweise in seine Haut schlüpfen.“ Zitat Ende

Viele Schlagzeilen in Zeitungen und elektronischen Medien berichten: „Der Täter war sich des Tathergangs im Anschluss an das Verbrechen nicht mehr bewusst“ oder „Aussage: Ich kann mich nicht erinnern, wie das passieren konnte!“

Stellungnahmen und Beschreibungen solcher Art sind aus ganzheitlicher Sicht deutliche Hinweise für eine massive fremdenergetische Beeinflussung. Jeder von uns sollte sich fragen, wo wir selbst noch Veranlagungen in uns tragen, die als Verankerungspunkt für Fremdeinflüsse dienen könnten, um wichtige eigene „Vorsorgemaßnahmen“ treffen zu können.

Ich persönlich lese in der Zeitung hauptsächlich nur noch den Lokalteil, da ich mir angewohnt habe, meine Aufmerksamkeit nicht mehr als unbedingt nötig auf negative Schlagzeilen zu richten. Ich lehne Filme ab, die zum größten Teil aus Mord-, Totschlag- oder Angst-Energien bestehen und ich meide den Kontakt mit Menschen, die ihre destruktiven Ausdrucks- oder Verhaltensweisen nicht verändern möchten. Energie folgt unserer Aufmerksamkeit: worauf wir unsere Aufmerksamkeit richten, das ziehen wir gesetzmäßig an, deshalb ist es wirklich elementar wichtig, uns auf die positiven Dinge in unserem persönlichen Leben zu konzentrieren, wenn wir unbeeinflusst unsere freien Entscheidungen treffen und eigenverantwortliche Wege gehen wollen!

Rückführungen, Familienstellen und Hypnose

In diesem Kapitel möchte ich es nicht versäumen, darauf hinzuweisen, dass nicht alle energetischen Behandlungen oder Verfahren uneingeschränkt empfehlenswert sind! Wie sehr oft im Leben, kann es auch in diesem Bereich ungemein hilfreich sein, auf manche Methode etwas genauer hinzusehen, dies gilt auch für die heutzutage sehr in Mode gekommenen energetischen Verfahren, wie Rückführungen, das Familienstellen und die Hypnose!

Nach meiner Überzeugung macht eine Rückführung in eine vergangene Inkarnation nur in den seltensten Fällen wirklich Sinn, da es für den Klienten keine Notwendigkeit ist, einen erlebten Schmerz oder ein Trauma emotional noch einmal durchleben zu müssen, um sein Thema im Hier und Jetzt in den Griff zu bekommen. Es gibt viele Menschen, die sich für eine Rückführung entschieden haben und sich heute wünschen, es niemals getan zu haben. Manche Geister der Vergangenheit sollte man besser ruhen lassen! Allerdings weiß sich unser Unterbewusstsein in den meisten Fällen sehr gut zu schützen und deshalb stellen sich oft bei Rückführungen keine inneren Bilder ein. Dies ist meines Erachtens ein klar erkennbares Zeichen, um die Dinge auf sich beruhen zu lassen und auf keinen Fall zusätzlichen Druck auszuüben!

Eine weitere Modeerscheinung unserer Esoterikwelt ist das sogenannte Familienstellen, was ich für noch weniger empfehlenswert erachte. Bei dieser systemischen Vorgehensweise werden meist im Rahmen einer Gruppe anwesende Fremdpersonen als „Stellvertreter“ für abwesende oder bereits verstorbene Familienmitglieder zur Darstellung von Seelenanteilen oder ganz allgemein für persönliche Konfliktthemen „aufgestellt“. Der Klient kann sich dadurch mit fremden und großteils dunklen Energien enorm belasten und oft energetisch schwer „beladen“ wieder zurück in seinen Alltag kommen. So kann es durchaus passieren, dass nicht nur sein Konflikt weiterhin besteht, sondern, dass sich noch weitaus größere Belastungen hinzugesellen! „Denn sie wissen nicht, was sie tun!“ lautet der biblische Warnspruch, leider wissen viele Menschen unserer modernen Zeit nicht mehr, auf welche Energieformen sie sich einlassen und sich dauerhaft mit diesen verbinden können. Mir fällt an dieser Stelle auch Goethe’s „Zauberlehrling“ ein, der die leidvolle Erfahrung machen musste: „Die Geister, die ich rief, werde ich nun nicht mehr los!“

Natürlich wird im Rahmen solcher „ritueller Verfahren“ immer wieder von Schutzmaßnahmen gegen unerwünschte energetische Einflüsse gesprochen, die angeblich durchgeführt werden, doch die Wirksamkeit dieser Schutzmethoden kann nicht wirklich überzeugen, wenn man den Dingen auf den Grund geht. Einen sicheren Schutz haben wir nur, wenn wir genau wissen, was wir tun und auf welches energetische Terrain wir uns begeben! Bestens geschützt vor unliebsamen Fremdenergien ist nur „der Mensch, der in seiner bewussten Vollkraft steht", so drückt es Abd-ru-shin, der Verfasser des Buches „Im Lichte der Wahrheit – Gralsbotschaft" aus, worin er in beispielloser Einzigartigkeit die natürlichen Gesetzmäßigkeiten der jenseitigen Welt erklärt und auch deren große Gefahren schildert!

Neben Familienstellen und Rückführungen lehne ich auch die Arbeit mit Hypnose strikt ab, weil dadurch der freie Wille des Menschen zurück gedrängt wird und ein Klient sich hierbei wiederum unfreiwillig mit negativen Energien verbinden kann, was gesetzmäßig zusätzliche Belastungen nach sich zieht. Wirklich verantwortungsbewusste Arbeit auf energetischer Ebene bedeutet für mich: der Klient ist immer bei vollem Bewusstsein und stets Herr seiner Sinne, um im Rahmen des gesamten Behandlungsprozesses jederzeit seine völlig freien Entscheidungen treffen zu können!

Das von der Band „5th Dimension" vielbesungene Wassermann-Zeitalter, dem „Age of Aquarius", lässt eine immer größer werdende Offenheit und Toleranz allen paranormalen oder übersinnlichen Fähigkeiten gegenüber zu und wegen des zunehmenden Interesses der Öffentlichkeit gibt es dazu seit der Esoterik-Bewegung auch ein sehr breites Angebot. Doch wir sollten uns auch die damit verbundenen Gefahren deutlich bewusst machen: Wir leben in einer, bereits vor langer Zeit angekündigten, Zeit der „falschen Propheten" und es ist mit Sicherheit nicht immer einfach für uns, die angebotene Spreu vom Weizen zu trennen! Mir hilft dabei der weise Spruch: „An ihren Werken sollt ihr sie erkennen", der sich tief in mein Gedächtnis eingeprägt hat. Das schöne Wort Esoterik, das ursprünglich „Innenschau" bedeutet, ist meiner Meinung nach inzwischen fast schon zum Schimpfwort geworden, denn wir können in diesem Bereich sehr viele „schwebende Tanten" (und auch Onkel) vorfinden!

Mit „schwebend" bezeichne ich gerne Menschen, die, allem Anschein nach, irgendwann den Bezug zur Realität verloren haben. Generell sollte es eine prinzipielle Vorrausetzung für uns alle sein, mit beiden Beinen auf dem Boden zu stehen und unser eigenes Leben wirklich fest im Griff zu haben, bevor wir uns daran machen, andere Menschen beraten zu wollen. Das Eine bedingt das Andere und ist meines Erachtens eine unverzichtbare Grundlage für die verantwortungsvolle Arbeit mit ratsuchenden Menschen!

Voodoo und schwarze Magie in unserem Alltag

Jeder von uns kann sich täglich neu entscheiden seine positive oder seine negative Seite auszuleben; das unterliegt allein dem freien Willen eines Menschen. Durch bewusst negative Gedankentätigkeit gibt es auch in unserer „modernen" Welt viele Männer und Frauen, die sich der schwarzen Magie widmen: das muss nicht zwangsläufig in Form eines Voodoo-Zaubers sein und bedarf keiner Puppe, in die man Nadeln sticht; es reicht schon aus, einem anderen Menschen gezielt etwas Schlechtes zu wünschen!

Wir erinnern uns an das Experiment des HeartMath Research Institutes und die gedankliche, negative Beeinflussung eines Schülers, der dadurch nicht mehr imstande war, seine Aufgabe an der Tafel zu lösen? Jeder von uns kann demzufolge jederzeit destruktive energetische Botschaften an andere Menschen schicken, die wir aus irgendeinem Grund beneiden, die uns eventuell Unrecht angetan haben oder auf die wir generell nicht gut zu sprechen sind. Aber wir sollten auch hierbei das „Gesetz der Wechselwirkung“ bedenken, das wir auch als „Gesetz von Saat und Ernte“ bezeichnen können, nachdem alles, was wir aussenden, wieder in verstärkter Form auf uns als Ursprunggeber zurückfällt! Unser Schöpfer hat in wunderbarer Weise dafür gesorgt, dass das Leben zu bestimmter Zeit immer einen gerechten Ausgleich findet und jeder von uns, der ehrlich zu sich selbst ist und die Stimme seines Gewissens hören will, hat diese Erfahrung schon persönlich gemacht und die Rückwirkungen für sein falsches Tun spüren können!

Negative Energien in Form von schlechten Wünschen durch andere Menschen können bei uns jedoch nur einen Ankerpunkt finden, wenn wir „ähnliche Veranlagungen“ in uns tragen, denn nur auf dieser Grundlage können Fremdenergien durch gleichartige Schwingung bei uns „andocken“. Auch der übermäßige und unkontrollierte Konsum von Alkohol, Nikotin, Drogen, Medikamenten, Antidepressiva oder ähnlichen bewusstseinsverändernden Mitteln können verstärkt Öffnungen für fremdenergetische Belastungen schaffen, die uns irgendwann ungefragt „fremdsteuern"! Ich habe während meiner Ausbildungen und der energetischen Arbeit mit meinen Klienten die Erfahrung gemacht, dass neben unerwünschten fremdenergetischen Anhaftungen auch Besetzungen durch jenseitige Seelen keine Seltenheit darstellen, was auf die dringende Notwendigkeit von fremdenergetischen Reinigungen hinweist. Die energetische Reinigung von Fremdenergien verschiedenster Art ist für mich eine wichtige Grundlage jeder weiterführenden Arbeit mit meinen Klienten in der Praxis!

Reinigung von Besetzungen und Fremdenergien

Viele Menschen können die Anwesenheit von geliebten Verstorbenen, die sie plötzlich und unerwartet aufgrund Krankheit, Unfall oder Suizid loslassen mussten, immer noch spüren und deren Gegenwart in den verschiedensten Situationen wahrnehmen. Um diesen jenseitigen Seelen das Weitergehen in der geistigen Welt zu ermöglichen und auch unseren eigenen Weg im Hier und Jetzt wieder unbelastet weiter gehen zu können, kann eine Trennung dieser energetischen Verbindungen oder einer Besetzung sehr wichtig und für beide Seiten hilfreich sein.

Hier ein Beispiel anhand eines Praxisfalls: Eine Klientin wollte ein Haus verkaufen, das sie von ihrer Mutter geerbt hatte, aber ein „komisches" Gefühl hielt sie davon ab, sie konnte sich nicht recht dazu entscheiden und fragte deshalb bei mir nach, ob aktuell eine gute Zeit für dieses Vorhaben wäre. Nachdem die astro*logische* Auswertung einen Verkauf zum gegenwärtigen Zeitpunkt nicht befürworten konnte, brachte uns eine daraufhin beauftragte, energetische Testung folgendes Ergebnis: die Mutter, die vor 10 Jahren in diesem Haus verstorben war, hielt sich feinstofflich noch immer darin auf und konnte ihren Weg in weiterführende jenseitige Dimensionen nicht antreten, was die Tochter unbewusst wahrnahm und sie deshalb zögern ließ, das Haus zu verkaufen. Ich empfahl meiner Klientin, sich in Form eines von mir gecoachten „Seelengespräches“ noch einmal mit ihrer Mutter zu unterhalten, um die notwendigen Dinge zu klären, die sie an dieses Haus gebunden hatte.

Die Klientin erklärte sich dazu bereit und in einem sehr emotionalen und bewegenden Gespräch konnte sich die Tochter in die Beweggründe der Mutter einfühlen und ihr dadurch ermöglichen, ihre hinderlichen Ansichten und Einstellungen zu verabschieden und die lichten Hilfen, die schon lange Zeit um sie herum waren, endlich wahrzunehmen und sich ihnen anzuvertrauen.

Nicht nur bei meiner Klientin flossen Tränen der Erleichterung und sie konnte deutlich spüren, dass es nun keinen Hinderungsgrund mehr gab, ihr Elternhaus bei passender Gelegenheit mit gutem Gewissen zu verkaufen. Diese energetische Klärung und wohlwollende Verabschiedung war auch für mich ein sehr beeindruckendes Erlebnis und ich bin zutiefst dankbar, solche Geschehen miterleben und mitempfinden zu dürfen!

Übrigens können wir nicht nur durch Liebe mit noch lebenden oder bereits verstorbenen Menschen verbunden sein, sondern genauso gut auch mit starken negativen Empfindungen wie Hassgefühlen. „Liebe und Hass liegen eng beieinander" sagt richtigerweise der Volksmund. Meist ist es viel schwerer, uns von unglücklichen Banden zu befreien, als von liebevollen, da als Grundvoraussetzung immer erst das „Verzeihen und Vergeben" ansteht und diese Bereitschaft in vielen Fällen erst entwickelt werden muss. Gläubige Menschen erwarten zwar von ihrem Schöpfer, dass er ihnen jederzeit alle Sünden vergeben soll, aber vielen von uns fällt es sehr schwer, dies im eigenen Umfeld selbst in die Tat umzusetzen. Von einer sehr jungen Klientin, Mitte zwanzig, der ich die Frage gestellt hatte: „Können Sie gut verzeihen?", bekam ich die spontane Antwort: „Schwer bis unmöglich!"

Doch wir sollten unbedingt daran denken, dass die Bitte im Vaterunser lautet: „Herr, vergib uns unsere Schuld, wie auch wir vergeben unseren Schuldigern!"

Das heißt: unsere eigene Bereitschaft zu verzeihen, bedingt das Maß der Vergebung unserer eigenen Schuld, die wir durch unsere falschen Verhaltensweisen verursacht haben! Darüber sollten wir nachdenken!

Leider haben viele von uns in der westlichen Welt verlernt, energetische Belastungen durch Fremdenergien wahrzunehmen und sich selbst auch wieder davon zu befreien und zu reinigen. Doch genauso, wie wir uns selbstverständlich täglich von körperlichem Schmutz säubern, sollten wir im gleichen Maß auf unsere „Seelenhygiene“ achten und uns von unerwünschtem energetischen Ballast reinigen, um wirklich voll und ganz in unserer eigenen Lebenskraft stehen zu können.

In meiner Praxisarbeit mit meinen Klienten lege ich einen Schwerpunkt auf energetische Reinigung als Basis für jede weiterführende heilenergetische Behandlung. Es liegt mir am Herzen darauf hinzuweisen, dass energetische „Rituale“ zur Reinigung nicht aufgrund unseres eigenmächtigen Wollens durchgeführt werden dürfen, sondern IMMER als Grundlage die Bitte um Verbindung mit den Kräften des Lichts beinhalten müssen, wenn wir negative Rückwirkungen für alle Beteiligten vermeiden wollen! Nach meiner Überzeugung kann eine gewünschte Reinigung von Fremdenergien auch durch unser inniges Gebet erreicht werden, allerdings nur dann, wenn unsere Empfindung mit unseren Worten und Gedanken völlig übereinstimmt!

KAPITEL PRAXISFÄLLE

(Alle ausgewählten Praxisfälle werden zum Schutz meiner Klienten und mit Rücksicht auf deren Privatsphäre völlig anonym geschildert!)

Der segensreiche Sturz vom Apfelbaum

Jeder von uns besitzt zusätzlich zu seinen körperlichen Sinnen (sehen, hören, riechen, schmecken, fühlen/tasten) noch weitere angeborene und vollkommen natürliche Sinne und es liegt in unserer eigenen Macht, diese zu trainieren und auszubilden. Durch bewusste Verbindung mit unseren erweiterten Sinnen kann zum Beispiel jeder von uns wieder lernen verschiedenste Energiefelder wahrzunehmen. Jeder lebendige Mensch hat eine bestimmte energetische Ausstrahlung, die wir gemäß unserer individuellen Veranlagung wahrnehmen können, wenn wir uns darauf konzentrieren. Aber wir sind nicht nur in der Lage, die energetischen Ausstrahlungen von Menschen zu spüren, sondern wir können auch die von Tieren, Pflanzen oder anderen Dingen wahrnehmen.

Wir können uns in unserer Vorstellung in ein bestimmtes Energiefeld hineinversetzen und dessen „Präsenz“ wahrnehmen und nachempfinden.

Als ich begonnen habe, mich näher mit der Wahrnehmung von Energiefeldern zu beschäftigen, war ich manchmal sehr erstaunt, wie schnell und gut dies funktionierte; ich glaubte oft wirklich in der Haut der getesteten Person oder der Sache zu stecken! Die Erfahrungen, die ich dabei machen durfte, waren von Fall zu Fall sehr unterschiedlich: zum Teil aufbauend und stärkend, andererseits erheiternd und humorvoll, manchmal auch tief traurig und verletzend; aber stets war ich sehr beeindruckt von den aussagekräftigen Energiefeldern, die klar und deutlich spürbar wurden.

Ich erinnere mich immer wieder gerne an eine Wahrnehmungsübung des Energiefeldes von Mutter Teresa, sie war eine indische Ordensschwester und Missionarin albanischer Herkunft. Weltweit bekannt wurde sie durch ihre Arbeit mit Armen, Obdachlosen, Kranken und Sterbenden, für die sie 1979 den Friedensnobelpreis erhielt. In meiner Vorstellung sollte ihr Energiefeld zum Großteil aus Barmherzigkeit und Mitgefühl für ihre Nächsten bestehen, da sie ja immer wieder als „Engel der Armen“ in den Medien dargestellt wurde. Die energetische Testung von ihr hat mich sehr erstaunt, denn ich konnte Mutter Teresa als eine unglaublich starke Frau und bewundernswerte Persönlichkeit wahrnehmen mit einer Willenskraft, die ihresgleichen sucht und die es bestens verstand, sich gegen Widerstände durchzusetzen und ihre eigenen Überzeugungen deutlich zu vertreten. Die Wahrnehmung ihres ausdrucksstarken Energiefeldes hat bei mir einen bleibenden Eindruck hinterlassen!

Natürlich können persönliche Wahrnehmungen von unterschiedlicher Art sein, da diese ja stets der individuellen Persönlichkeit eines Menschen entsprechen, allerdings sollten auch verschiedene Betrachtungsweisen stets eine grundlegende Übereinstimmung ergeben.

Ein anderes Beispiel, das mich sehr ergriffen hat und das ich ebenfalls nie vergessen werde, war die Wahrnehmung eines imposanten Wasserfalls: ein faszinierendes Schauspiel der Natur. Die Energie des Wasserfalls war majestätisch, rein und klar, gleichzeitig so autark und in sich ruhend, trotzdem mitten im Fluss des Lebens stehend, von oben empfangend und nach unten weiter spendend und gebend ohne zu werten oder gar zu urteilen. Diese beeindruckende Wahrnehmung war während der Anfangszeiten meiner „übersinnlichen Wahrnehmungen" eine inspirierende Erfahrung für mich, und dieses lebendige Bild hat sich bis heute in meiner Vorstellung verankert.

Auf Bitte einer Klientin testete ich an einem schönen Sommertag draußen in der freien Natur meines geliebten Gartens das Energiefeld ihres Bruders, mit dem sie leider seit vielen Jahren im Unfrieden war. Sie erzählte mir von ihrer traurigen Kindheit und den vielen Auseinandersetzungen mit dem „großen Bruder", der seine kleinere Schwester durch ständige Beschimpfungen, Drohungen und durch den Einsatz seiner rohen Körperkräfte „misshandelte", weshalb sie sich nur sehr ungern an die Jahre ihrer Mädchenzeit erinnerte. Diese Situation belastete meine Klientin auch als Erwachsene noch stark und sie wünschte sich von Herzen, diesen jahrelangen Konflikt endlich beenden zu können. Bei der Testung erschrak ich sehr: denn ich nahm eine riesengroße Verbitterung und unglaublich viele düstere

Gedankenwolken im Energiefeld des Mannes wahr, die mich körperlich auf die Knie zwangen; mir wurde richtiggehend schlecht und ich konnte nur meinen Tränen freien Lauf lassen, so sehr berührten mich diese Sinneseindrücke. Mich überkam ein tiefes seelisches Bedürfnis, diesen Mann zu segnen und die Hilfe und den Beistand des Lichtes für ihn zu erbitten. Ich bat im Anschluss auch seine Schwester, ihm gedanklich von Herzen das Beste zu wünschen und ihm seine gehässigen Verhaltensweisen und damit verbundenen Verletzungen zu verzeihen, wenn ihr dies aus tiefster Seele möglich war. Sie sollte dann versuchen, ihre belastenden Erinnerungen „nach oben“ abzugeben und darauf achten, ob sich irgendetwas verändern würde.

Hier das Feedback: Meine Klientin rief mich ein paar Wochen später an und erzählte mir, dass ihr Bruder zwei Tage nach unserer „Segnung“ vom Apfelbaum gestürzt war und sich schwer verletzt hatte, was sie natürlich sehr erschreckte; schließlich wollte sie ja nur Gutes für ihn erbitten und nun passierte dieser schlimme Unfall; das hatte sie ganz bestimmt nicht gewollt! Da aber jede Medaille zwei Seiten hat, berichtete sie weiter: mein Bruder war ab sofort vierundzwanzig Stunden ans Bett gefesselt und konnte nur mit Schmerzmitteln ruhig gestellt werden. Es war, laut Aussage des Arztes, sogar die Gefahr gegeben, dass die Wirbelsäule einen bleibenden Schaden zurück behalten würde. Als Folge dieser Notlage rief der Mann seine Schwester an, die sich, wie er wusste, mit Naturheilmitteln gut auskannte. Er fragte sie, ob sie nicht geeignete Mittel zur Linderung seiner Schmerzen und zur Unterstützung seiner Genesung empfehlen könnte, da er sich nicht dauerhaft von chemischen Tabletten und deren starken Nebenwirkungen abhängig machen wollte. Seine Schwester eilte daraufhin freudig an sein Krankenbett, wo sie sich in langen Gesprächen, nicht nur über Naturheilmittel, sondern auch über gemeinsame Kindheitserlebnisse unterhielten. Der Streit und die Missverständnisse konnten gelöst werden und gehörten somit der Vergangenheit an, worüber meine Klientin überglücklich war!

Nach einer ein paar Monate andauernden Erholungsphase wurde der Mann wieder vollkommen gesund und die beiden hatten wieder ein gutes Verhältnis zueinander. Ist es nicht sehr erstaunlich, welche Wege das Leben manchmal findet, um uns zur Umkehr zu bewegen und die Dinge wieder geradezurücken? Ich behalte diese wahre Begebenheit gerne in Erinnerung, als die Geschichte des „segensreichen Sturzes vom Apfelbaum“. ;-)

Ehepaar – Misserfolg mit Gastwirtschaft und Biergarten

Eine Frau rief mich an und erzählte mir, dass sie und ihr Mann schon mehrere Gastwirtschaften mit großem Erfolg betrieben hatten und im Frühjahr 2009 hatten sie in einer ländlichen Gegend eine neue Gastwirtschaft mit Biergartenbetrieb übernommen. Unüblicherweise lief das Geschäft immer schlechter, nur ein paar wenige Großveranstaltungen hielten sie noch über Wasser und die Tagesgäste blieben aus, aber leider wusste niemand woran das lag. Das Schlimmste war: der Mann der Klientin litt unter massiven Depressionen, die sich bis zur Suizidgefahr gesteigert hatten! Meine Klientin spürte sehr wohl, dass vieles nicht in „energetischer Ordnung“ war, es musste sich ihrer Meinung nach dringend etwas verändern und sie dachte darüber nach, ob sie nicht den Vertrag mit der Brauerei kündigen und die Wirtschaft verkaufen sollte; dies war letztendlich auch der Inhalt ihrer Fragestellung an mich.

Das Ergebnis des ausgewerteten Fragehoroskops ließ sich mit einem Satz beschreiben: besser ein Ende mit Schrecken als ein Schrecken ohne Ende! Ich riet ihr also zu einer Kündigung und zwar je eher desto besser! Die Frau hatte mit ihrer feinfühligen Art schon selbst gespürt, dass an diesem Ort irgendetwas nicht in Ordnung war; auf ihr Nachfragen konnte eine energetische Testung meinerseits dies sehr wohl bestätigen. Das Anwesen, auf dem sich das Ehepaar niedergelassen hatte, war durch vergangene Geschehnisse in „früheren Zeiten“ feinstofflich schwer belastet. Ein ehemals reicher, aber sehr hartherziger Gutsherr trieb an diesem Ort sein jenseitiges Unwesen, er war zu Lebzeiten extrem machtbesessen gewesen, behandelte sein Gesinde sehr schlecht, und er hatte kein Mitleid mit seinen völlig abhängigen Untergebenen. Er gab keine Almosen für die Bedürftigen; viele Menschen, die er hätte retten können, verhungerten und kamen elendig vor seinen Augen um.

Seine damalige Tochter hatte im Geheimen eine nicht „standesgemäße“ Beziehung mit einem Bauernsohn und nachdem er davon erfuhr erhängte er den in seinen Augen „minderwertigen“ Menschen nach einem Streit an einem Baum. Dieser Mann hatte ihn allerdings noch vor seinem Tode verflucht und dieser Fluch bannte den Gehängten ebenfalls an den Ort des Geschehens. Zu dieser beiderseitig großen Schuld gesellte sich noch hinzu, dass sich die Naturwesen gegen den Hartherzigen verschworen hatten und ihrerseits Ablösung und Sühne forderten. Ich riet dazu, die Naturwesen um Verzeihung zu bitten und für alle erdgebundenen Seelen sowie den schwer belasteten Ort den Segen des Schöpfers zu erbitten, um es den lichten Helfern zu ermöglichen, ihre Hand reichen zu können und die ungelösten Verbindungen zu trennen.

Auf die Frage an die geistige Welt, inwieweit es den Fragenden von Nutzen sein konnte, zu erfahren, in welcher Form sie an dem damaligen Schauspiel beteiligt waren und welche Rolle sie dabei innehatten, erhielt ich die Antwort, dass die Einzelheiten in diesem Fall nicht wichtig und hilfreich wären. Als allgemeinen Hinweis möchte ich an dieser Stelle nur erwähnen, dass wir immer mit den Ereignissen persönlich in Verbindung stehen, die uns in irgendeiner Art betreffen und „beeindrucken“, ganz egal ob in positiver oder auch negativer Weise. Es findet auf jeden Fall ein Ringschluss in Form einer Rückwirkung statt und es ist nicht immer wichtig, alle Details dabei zu wissen. Wichtig ist nur zu erkennen, dass dadurch eine alte Schuld, die jemand auf sich geladen hat, wieder gelöst werden kann und dafür sollten wir alle dankbar sein, denn dies geschieht nur zu unserem eigenen Nutzen.

Mein Rat zum Verkauf der Gastwirtschaft war vielleicht nicht die insgeheim erhoffte Antwort gewesen und doch entschloss sich das Ehepaar nach kurzer Zeit zum Verkauf. Obwohl viele Dinge geordnet und geregelt werden mussten, stellten sich trotzdem sehr günstige Begleitumstände ein: der Pachtvertrag mit der Brauerei konnte vorzeitig beendet werden und das zur Veräußerung angebotene Mobiliar konnte lukrativ verkauft werden. Dem Ehemann, den seine massive Existenzangst in tiefe seelische Abgründe getrieben hatte, ging es von Tag zu Tag besser und er bekam eine für ihn passende Arbeitsstelle als Koch angeboten, noch bevor er seine eigene Wirtschaft komplett geschlossen hatte.

Er hätte diese Stelle nicht unbedingt annehmen müssen, da das Ehepaar finanziell ziemlich unabhängig war, doch eine Beschäftigung durch Arbeit, die Freude macht, ist meist sehr heilsam für die Seele. Meines Erachtens ist dieser Fall ein wunderbares Beispiel dafür, dass auch Dinge, die anfangs sehr unangenehm erscheinen, ihre guten Seiten haben; wir müssen nur bereit sein, das ganze Geschehen aus einem erweiterten Blickwinkel zu betrachten!

Kind, 5 Jahre, massive Schlafstörungen

Eine Mutter kontaktierte mich wegen der nächtlichen Schlafstörungen und damit verbundenen massiven Verhaltensauffälligkeiten ihres fünfjährigen Sohnes.

Der Junge wohnte mit seiner Mutter, deren Lebensgefährten und dessen siebenjährigen Sohn in einem Haus am Rand einer ruhigen Siedlung. Der Kleine, der im Prinzip ein ruhiger und sehr ausgeglichener Junge war, wachte seit sechs Wochen jede Nacht exakt um 01.30 Uhr auf und schrie dabei aus Leibeskräften. Er ließ sich eine halbe Stunde lang nicht mehr beruhigen, danach schlief er völlig erschöpft wieder ein und wusste am nächsten Tag nichts mehr von seinen Schreizuständen. Der Junge zeigte ansonsten keine gesundheitlichen Symptome oder andere Auffälligkeiten, auch die Suche nach irgendwelchen belastenden Erlebnissen während seines Tages im Kindergarten oder im täglichen Familienleben erwies sich als erfolglos und nichts konnte mit seinem sonderbaren nächtlichen Verhalten in Zusammenhang gebracht werden.

Nach Beauftragung einer energetischen Testung ergab sich der Sachverhalt, dass das Grundstück, auf dem die vierköpfige Patchwork-Familie lebte, in vergangenen Jahrhunderten der Schauplatz eines Gemetzels gewesen war.

Dort lebende Siedler wurden nachts überfallen und auf bestialische Art ermordet. In dieses Geschehen war nach Information aus der jenseitigen Welt auch der zum gleichen Zeitpunkt von Alpträumen stark geplagte siebenjährige Stiefbruder des Fünfjährigen involviert gewesen, der als Folge eines karmischen Ringschlusses wieder genau an diesem Ort inkarniert wurde. Die Siedler waren völlig unvorbereitet und ohne jegliche Ausrichtung auf ein Weiterleben nach dem Tode verstorben und waren demzufolge orientierungslos an diesen Ort gebunden, von dem es kein Fortkommen geben konnte, solange sie nicht die Hilfe des Lichts dafür erbitten würden.

In ihrer Seelennot warteten die jenseitigen Seelen und ehemaligen Siedler seit dem Massaker auf Hilfe und Unterstützung durch einen sensiblen Menschen, dem sie sich zum passenden Zeitpunkt irdisch bemerkbar machen konnten. Da kleine Kinder bis zum Alter von fünf oder sechs Jahren naturgemäß noch sehr intensiv mit der jenseitigen Welt in Verbindung stehen und deshalb noch wesentlich wahrnehmungsfähiger als Erwachsene für diese feinstofflichen Energien sind, fungierte der Fünfjährige lediglich als eine Art Antenne; sein Unterbewusstsein bemerkte die jenseitigen Hilfeschreie und schlug exakt zum Zeitpunkt des damaligen nächtlichen Überfalls Alarm! Mir wurde „von drüben" klar gemacht, was hier zu tun war: ein Zusammenschluss von mehreren Menschen wurde benötigt, die gemeinsam mit ihrem guten Wollen gedanklich eine energetische Brücke bilden sollten, mit deren Hilfe „die Hauptdarsteller", also unsere lichten Helfer, die notwendige Verbindung zu den gebundenen Seelen herstellen und mit Hilfe einer Lichtsäule von diesem Ort wegführen konnten.

Die erforderliche Handlung sollte nach Anweisung an drei aneinanderfolgenden Abenden zu einer bestimmten Uhrzeit stattfinden. Nach Abschluss am dritten und letzten Abend schlief der kleine Junge wieder friedlich die ganze Nacht durch, das Schrei-Phänomen fand genau an diesem Tag sein abruptes Ende und tauchte seitdem nie wieder im Leben des mittlerweile zwölfjährigen Jungen auf. Der entspannte Schlaf des Kindes signalisierte allen Beteiligten den vollen Erfolg der gelungenen Ortsheilung, was nicht nur für die ganze Familie des Jungen, sondern auch für alle freiwilligen Helfer eine große Freude und eine bereichernde Erfahrung war!

Klientin, 43 Jahre, langjährige Depressionen

Eine Klientin mit schweren Depressionen suchte mich in der Praxis auf und bat um Unterstützung. Sie war verheiratet, hatte zwei gesunde Kinder, ein schönes Haus und im Prinzip alles was der Mensch nach außen hin braucht, um glücklich zu sein und trotzdem fühlte sie sich nach ihrer eigenen Aussage „wie abgeschnitten von ihren eigenen Gefühlen". Die Frau litt seit längerer Zeit an diesen schweren Depressionen, weswegen sie sich sogar für einen stationären Aufenthalt in einer Nervenklinik entschieden hatte, was aber leider keine Besserung ihres Zustands mit sich brachte. Nach Auswertung ihres Horoskopes stellte sich eine markante Grundveranlagung mit großer Sensibilität und tiefer Wahrnehmungsfähigkeit bei ihr heraus. Diese Fähigkeit war einerseits eine mitgebrachte Gabe, brachte andererseits aber auch deutlich spürbare Belastungen durch feinstoffliche Energien mit sich, die sie zu damaliger Zeit wie eine unsichtbare Wolke umgaben.

Nachdem sie mir die Erlaubnis gegeben hatte, ihr energetisches System ganzheitlich testen zu dürfen, ergab sich folgendes

Bild: der Ort, auf dem ihr Haus stand, war durch historische Ereignisse schwer belastet! Nicht „standesgemäße" und verhaltensauffällige Frauen und Kinder wurden an diesem Ort im Namen der Kirche qualvoll gefangen gehalten und viele davon starben aufgrund der katastrophalen Verhältnisse und der damit verbundenen Folgeerscheinungen. Diese verstorbenen Seelen waren durch Unwissenheit und Unkenntnis der Gesetzmäßigkeiten an den Ort ihres Hinübergehens gebunden und nutzen nun die große Fühligkeit dieser Frau, um sich bemerkbar zu machen und vielleicht dadurch irgendwann Hilfe finden zu dürfen.

Da meine Klientin das große Leid dieser Jenseitigen aufgrund ihrer starken Empathie-Fähigkeit zwar mitempfinden, aber leider nicht eindeutig zuordnen konnte, wurden die Auswirkungen dieser Energien schulmedizinisch als Depressionen diagnostiziert. Die Behandlungsmethoden ihrer „depressiven Zustände" konnten allerdings nicht die gewünschte Wirkung zeigen oder ihr eine Erleichterung verschaffen.

Die Klientin hatte mir erzählt, dass sich ähnliche Symptome von ebenfalls betroffenen Menschen in ihrer Wohngegend gezeigt hatten; ein Nachbar hatte sich sogar aufgrund seiner schweren Depressionen erhängt. Dies ließ sich im natürlichen Zusammenhang dadurch erklären, dass sich die energetische Belastung des Ortes nicht nur auf das Haus meiner Klientin beschränkte, sondern ein großer Teil der ganzen Wohnsiedlung in dieses feinstoffliche Geschehen involviert war. Deshalb entstand auch in diesem Fall die Notwendigkeit für eine Erdheilung mit demutsvoller Bitte an unsere lichten Helfer um Hilfe für die erdgebundenen Seelen.

Nach Abschuss des Rituals konnte die hochsensible Frau eine deutlich spürbare seelische Erleichterung feststellen, was ihr ermöglichte, in weiteren Sitzungen noch andere belastende Lebensumstände Schritt für Schritt positiv zu verändern. Ich habe dieses Beispiel bewusst gewählt, weil meist mehrere Problematiken eine große Konfliktmasse ergeben und nach dem Zwiebelschalen-Prinzip gelöst werden wollen: wenn wir, unserer eigenen Geschwindigkeit entsprechend, konsequent Schale für Schale lösen, gelangen wir irgendwann zum Kern der Sache und wenn wir dort angelangt sind, stehen uns alle Möglichkeiten offen, zukünftig bessere Wege zu gehen!

Schreikind, 4 Jahre, massive Schlafstörungen

Die Mutter eines kleinen Buben von circa vier Jahren rief mich an und war ganz verzweifelt wegen seiner massiven Schlafstörungen, die er während der letzten Monate entwickelt hatte. Er wachte seit vielen Wochen nachts auf, schrie dabei aus Leibeskräften und ließ sich gar nicht mehr von ihr beruhigen. Die Mutter konnte während dieser Schreiattacken hauptsächlich zwei seiner panischen Ausrufe wahrnehmen, die er dabei immer von sich gab: „Die sollen weggehen!“ und „Ich halte es nicht mehr aus!“ Da sich der kleine Junge aus Platzgründen mit seiner sechs Monate alten Schwester ein gemeinsames Zimmer teilen musste, wachte das Baby bei seinen nächtlichen Schreiattacken natürlich auch immer mit auf und stimmte in das Weinen ihres großen Bruder mit ein.

Eine energetische Testung ergab (wieder einmal) die dramatische Belastung des Ortes, ganz in der Nähe des Wohnhauses der kleinen Familie. In noch nicht sehr lange vergangenen Kriegszeiten war im unterirdischen Teil eines sich in der Nähe befindlichen historischen Gebäudes ein verstecktes Labor gewesen, in dem medizinische Versuche an „geisteskranken" und behinderten Menschen durchgeführt worden waren. Viele betroffene Familien waren damals aus den verschiedensten Gründen nicht in der Lage, sich um ihre „unterentwickelten" Familienmitglieder zu kümmern, oder diese waren ihnen sogar eine unbequeme Last geworden, wofür eine „Entsorgungsmöglichkeit" gefunden werden sollte.

Das damalige Gebäude, das den offiziellen Charakter eines Heimes hatte, bot auch Zufluchtsmöglichkeiten für sozial schwache Menschen ohne Wohnsitz. Einer der maßgeblichen Hintergründe, diesen Menschen dort Unterschlupf zu gewähren, war, den unauffälligen Nachschub an Testpersonen zu sichern, weil man davon ausgehen konnte, dass keine Familienangehörigen irgendwelche Fragen stellen würden. Die leidgeplagten Heimbewohner waren unter diesen Rahmenbedingungen die idealen Versuchskaninchen, an denen gewissenlose Ärzte und Forscher neue Medikamente und Behandlungsmethoden testen konnten. Aus Sichtweise der skrupellosen „Auftraggeber" mussten diese menschlichen Opfer für den Fortschritt der Medizin gebracht werden und die furchtbaren Folgen an Nebenwirkungen mit Todesfolgen wurden von diesen billigend in Kauf genommen...

Nach dem eine Bitte um Ortheilung im Zusammenschluss von lichtsuchenden Menschen gestellt und die notwendigen Handlungen durchgeführt worden waren, konnte der kleine Junge wieder nachts ruhig durch schlafen. In diesem Fall gab es noch eine ganz besondere Auswirkung, die ich Ihnen an dieser Stelle nicht vorenthalten möchte: die chronische Bindehautentzündung (Konfliktinhalt: ich kann es nicht mehr mit ansehen) der Baby-Schwester des kleinen Buben, die sie seit dem Zeitpunkt ihrer Geburt hatte, verschwand genau zeitgleich mit den Schreiattacken des großen Bruders! Ist das nicht als ein wunderbarer „Nebeneffekt" zu werten? ;-)

Junge, 12 Jahre, Lernschwierigkeiten

Natürlich muss nicht hinter jedem Problem ein karmischer Hintergrund verborgen sein; manchmal sind die Ursachen auch ganz profan und im naheliegenden Umfeld zu finden, was ich anhand des folgenden Praxisfalles schildern möchte.

Ein zwölfjähriger Junge kam mit seiner Mutter zu mir in die Praxis wegen Lernschwierigkeiten. Er war in ein paar Fächern auf Leistungen zwischen Note 5 und 6 abgerutscht. Während eines grundlegenden Gespräches stellte sich „ganz nebenbei" heraus, dass der Alltag des Jungen darin bestand, die Zeit von 14 bis 18.30 Uhr (bis seine berufstätige Mutter von der Arbeit heimkam) mit Fernsehen oder Computerspielen zu verbringen. Nach gezielter Fragestellung meinerseits kamen wir der wahren Ursache des stundenlangen Zeitvertreibs wegen schulischem Desinteresse auf die Spur: der Junge hatte große Sehnsucht nach „wirklichen" Freunden und war voller Traurigkeit, weil er fühlte, dass ihm keine noch so ausgefeilte technische Spielerei diesen Wunsch erfüllen konnte. Leider hatten sich bei dem kleinen Kerl schon eine Menge negativer Glaubenssätze verankert, die ihn davon abhielten, aktiv zu werden und sich einen realistischen Freundeskreis aufzubauen.

Ich erklärte ihm also die grundlegenden Zusammenhänge der „Macht unserer Gedanken" und unseres Unterbewusstseins, empfahl ihm ein spannendes und interessantes Büchlein und zwinkerte ihm zu, dass in diesem Fall Bücherlesen sogar Spaß machen konnte. Zur Harmonisierung seiner negativen Überzeugungen bezüglich Freundschaften und den damit in Verbindung stehenden Lernschwierigkeiten erfolgte in Abstimmung mit seiner Mutter noch eine heilenergetische Behandlung. Nachdem wir zum Abschluss der Sitzung noch gemeinsam mögliche Strategien besprochen hatten, die ihm helfen konnten wieder mehr Kontakt zu seinen Klassenkameraden zu bekommen, verabschiedete ich den jungen Mann mit der Aufgabe zu beobachten, welche Veränderungen sich denn in den nächsten Tagen bei ihm einstellen würden. Obwohl er freudige Neugierde zeigte, betrachtete er mich und mein Ansinnen auch mit sichtlicher

Skepsis und ich war gespannt auf seine Erfahrungen, die er in den nächsten Tagen machen würde.

Ich musste wirklich sehr schmunzeln, als ich nach ein paar wenigen Tagen eine SMS von ihm erhielt, in der geschrieben stand: „Liebe Frau Strasser, die Behandlung zeigt schon ihre Wirkung, stellen Sie sich vor, ich habe eine 1 in Physik geschrieben!“ Ich habe ihn voller Freude und ehrlichen Herzens gelobt und aufgefordert, genau so weiter zu machen! Wir können an unseren Kindern und Jugendlichen wirklich viel lernen, vor allem durch ihre Natürlichkeit und ihre kindliche Offenheit, die auch uns Erwachsenen in vielen Fällen gut tun würde! ;-)

Klientin, 38 Jahre, Burn-out, Angst- und Panik-Attacken

Eine Klientin kam wegen Überforderungssymptomen und drohendem Burn-out, Angst und Panikzuständen zum ganzheitlichen Coaching zu mir in die Praxis, deren mögliche Ursachen wir nach meinem „Zwiebelschalenprinzip“ bearbeiteten.

Wir lösten in verschiedenen Sitzungen vorsichtig eine (Problem-)Schale nach der anderen und dabei kann es – wie bereits erwähnt - auch vorkommen, dass ein Anliegen, das ein Klient ursprünglich als Hauptthema mitbringt, nur die Spitze eines Eisberges darstellt und unter der Wasseroberfläche sich noch eine viel größere Konfliktmasse verbergen kann.

So auch bei meiner Klientin: nach ein paar Sitzungen stellte sich heraus, dass tief in ihrem Inneren heftige Ablehnungsgefühle gegenüber ihrem erstgeborenen Sohn vorhanden waren, der aus einer vergangenen Beziehung mit einem anderen Partner stammte. Dieser Mann „verschwand" sang- und klanglos aus dem Leben der Frau und ihrem damals dreijährigen kleinen Sohn, der eine geraume Zeit lang noch nach dem Spielzeugbagger fragte, den der Vater ihm beim letzten Besuch für das nächste Treffen versprochen hatte. Dieses Wiedersehen fand aber leider nicht statt und das „Verschwinden" des Vaters fügte dem Kinderherz eine große und schmerzliche Wunde zu. Die Ablehnungsgefühle der Frau diesem grausamen Verhalten des Mannes gegenüber, das inzwischen über zehn Jahre her war, übertrug sie im Lauf der Jahre unbewusst auf ihren Sohn. Dieser war in natürlicher Weise in vielen Dingen ein Spiegel für sie und verdeutlichte ihre eigenen Lernthemen. Im klärenden Gespräch erkannten wir gemeinsam die Notwendigkeit einer Umpolung dieser emotionalen Schieflage; wir bearbeiteten diesen Konflikt mit Gesprächstherapie und einer energetischen Heilbehandlung. Ein paar Tage nach dem Coaching erzählte mir die junge Frau beim nächsten Termin sehr erstaunt, dass sich der leibliche Vater des Kindes inzwischen telefonisch bei ihr gemeldet hatte und den Wunsch äußerte, nach sage und schreibe zehn Jahren wieder Kontakt zu seinem Kind aufzunehmen!

Sie wolle die Sache natürlich sehr vorsichtig angehen und vor allem den Jungen mit entscheiden lassen, aber trotzdem waren Mutter und Sohn sehr erfreut über dieses unerwartete

Geschehen. Ist es nicht erstaunlich, welche Wege das Leben findet, wenn wir nur bereit sind, in unseren Herzen eine Veränderung zuzulassen?

Klientin, 45 Jahre, Trennungswunsch

Eine Klientin hatte massive Probleme während ihrer langjährigen Partnerschaft: Sie hatte eine unglückliche Beziehung mit einem Mann, die inzwischen schon länger als ein Jahrzehnt andauerte, aber leider für keinen der beiden Partner eine wirkliche Erfüllung brachte. Viele problematische äußere Umstände, die sich manchmal auch bei gutem Wollen nicht verändern lassen, machten einen gemeinsamen Haushalt und ein gemeinsames Leben für die zwei unmöglich.

Der Verstand sagte beiden Beteiligten, dass eine Trennung die einzig sinnvolle Möglichkeit wäre; allerdings schafften sie es beide nicht eine solche wirklich durchzuziehen und so durchwanderten sie beide schon geraume Zeit das tiefe Tal der Tränen.

In einem klärenden Grundlagengespräch erzählte mir meine Klientin auch, dass sie schon versucht hätte, die energetische Verbindung mit diesem Mann in einer schamanischen Sitzung aufzulösen, was aber offensichtlich nicht funktioniert habe. Sie ging davon aus, dass das karmische Band mit diesem Mann zu stark sei, um in diesem Leben davon loszukommen. Nachdem wir heilenergetisch über Distanz (die Klientin wohnt ein paar hundert Kilometer weg von mir) an dem Thema gearbeitet hatten, bekam ich ein paar Tage später eine email von ihr.

Zitat: Es sei unglaublich, aber sie könne sich wieder vorurteilsfrei mit ihrem Partner unterhalten und sie hatten inzwischen die Trennung einvernehmlich vollzogen. Sie war seit Jahren wieder einmal alleine ausgegangen und hatte den freudigen Eindruck, von anderen Männern wieder gesehen und als Frau wahrgenommen zu werden und sie fühle sich deswegen auf einmal wieder „leicht und frei"! Zitat Ende

Meistens fokussieren wir uns deshalb darauf festzuhalten, weil loslassen in vielen Fällen mit Schmerzen verbunden ist, doch das muss nicht immer zwangsläufig so sein; auch eine notwendige Trennung kann in manchen Fällen viel Positives bewirken!

Klientin, 55 Jahre, Versagensangst

Eine gutsituierte Frau, die ihr Leben im Alltag gut im Griff hatte verspürte schon seit Jahren einen inneren Wunsch in sich, der immer stärker nach Erfüllung drängte. Sie wollte gerne eine eigene Praxis eröffnen, um durch sinn- und wertorientierte Therapien hilfesuchende Menschen zu unterstützen und auf ihrem Weg zu begleiten; sie hatte dazu schon etliche Ausbildungen und Zertifikate im Bereich Lebensberatung gesammelt. Da ich die Klientin schon ein paar Jahre lang durch astro*logische* Beratung begleitete, sprach ich ihr aufgrund ihrer Eignungen und Fähigkeiten, die in ihrem Geburtshoroskop deutlich ersichtlich waren, immer wieder Mut zu, den Schritt in die Selbständigkeit endlich zu wagen. Sie erklärte mir, dass sie selbst nicht genau wisse, was sie seit Jahren abhielt, dieses Vorhaben in die Tat umzusetzen. Sie hatte Angst zu versagen oder den Ansprüchen der hilfesuchenden Menschen nicht gerecht zu werden; deshalb zauderte und zögerte sie und schob diesen Plan immer wieder hinaus. Sie gab mir schließlich den Auftrag, doch bitte einmal zu testen, woran es denn ursächlich liegen konnte und weshalb sie bis dato nicht imstande war, ihren langgehegten Traum zu verwirklichen.

Die Ursachen dafür ließen sich in einer vergangenen Inkarnation in Frankreich um das 16. Jahrhundert wiederfinden: die Ausübung ihrer damaligen Fähigkeiten aufgrund ihres Wissens im Bereich der Heilkunde hatte ihr ein grausames Ende beschert. Obwohl sie offiziell vor einem Tribunal von ihren Künsten „abgeschworen" hatte, war sie im Alter von nur 40 Jahren durch die Guillotine hingerichtet worden!

Während der Testung konnte ich sowohl einen dumpfen Schmerz im Nacken spüren (der mit dem Fallbeil in Verbindung stehen konnte), sowie zusätzlichen Schmerzen in den Ohren, vielleicht weil sie die anfeuernden Schreie der johlenden Menge und des beiwohnenden Publikums auch noch „hören" bzw. wahrnehmen konnte, als der Kopf schon vom Rumpf getrennt war. Denn unser Hörsinn verebbt erst geraume Zeit NACH unserem physischen Tod; darauf weisen auch die Erkenntnisse unserer modernen Sterbeforschung hin.

Allein die Vorstellung, dass sich Menschen am Schauspiel einer Hinrichtung ergötzen können, jagt mir immer wieder eine Gänsehaut über den Rücken, aber solche Dinge passieren leider auch noch heute in unserer vielgepriesenen „modernen" Zeit; man denke nur an die Todeszellen in den Gefängnissen und den damit verbundenen Hinrichtungen, die von Zuschauerrufen begleitet werden.

Durch das gewaltsame Ende der damaligen Inkarnation wurde von meiner Klientin unter anderem ein sogenannter „Angst-im-Nacken-Konflikt" mit in dieses Leben gebracht, und ihr Unterbewusstsein sorgte deshalb wachsam für die strikte Vermeidung der „Wiederbelebung" ihrer Talente und Fähigkeiten, um nicht erneut in lebensbedrohliche Gefahren zu geraten.

Im Laufe des Beratungsgespräches bestätigte die Klientin, dass sie sowohl Nacken- als auch Ohrenprobleme habe, was mich nicht sonderlich erstaunte.

Wer tiefer in dieses Thema einsteigen möchte, dem empfehle ich gerne das interessante Buch von Ulrike Vinmann mit dem Titel: Das Zellgedächtnis.

Darin wird detailliert an vielen Beispielen beschrieben wie unsere Körperzellen diese „Erinnerungen aus Vorleben" speichern und wie uns diese Informationen durch unser Unterbewusstsein in Form automatisch ablaufender Programme steuern können.

Unter Berücksichtigung dieser Kenntnisse riet ich meiner Klientin dazu, alle Schwüre, Eide, Gelöbnisse und sonstige energetisch bindenden Versprechungen aus früheren Leben zu widerrufen und gab ihr ein Ritual und Affirmationen an die Hand, die ihr helfen konnten zukünftig wieder „angstfrei“ mit ihren Fähigkeiten und Potentialen umzugehen. Meine Klientin konnte diese Hinweise freudig annehmen und war sehr dankbar für die Informationen, die im Zusammenwirken mit unseren lichten Helfer an sie vermittelt werden konnten. Dieses Beispiel zeigt uns sehr anschaulich, dass sich hinter der harmlosen Fassade des „Nicht-in-die-Gänge-Kommens“ oft ganz massive Konflikte und Traumen verstecken können, die es zu bearbeiten gilt, um irgendwann diese Altlasten endgültig verabschieden zu können und den Weg für neue Möglichkeiten frei zu machen. Meine Klientin konnte ihre selbstgesetzten Grenzen überwinden und ihr selbstständiges Wirken mit ratsuchenden Menschen in ihrer eigenen Praxis freudig beginnen!

Klientin, 47 Jahre, Partnerschaftskonflikte

Eine 47jährige Klientin mit beachtlichem spirituellen Hintergrundwissen hinterfragte das Ende ihrer aktuellen mehrjährigen Beziehung und wollte gerne erfahren, weshalb sie diese verletzende Erfahrung nun schon mehrfach machen musste. Sie beauftragte mich mit einer energetischen Testung und es stellte sich heraus, dass die Ursache dafür sich in einer vergangenen Inkarnation wieder finden ließ, in der sie heimlich eine Beziehung zu einem kirchlichen Würdenträger hatte. Aus dieser Verbindung war ein Kind hervorgegangen, das sie von Herzen liebte. Aber nachdem ihre heimliche Liebschaft mit dem Geistlichen durch Intrigen ans Licht der Öffentlichkeit gezerrt wurde und dieser Mann einen öffentlichen Eklat und den nach sich ziehenden Kirchen-Bann mit allen Mitteln vermeiden wollte, gab er den Befehl, das Kind als „Corpus Delicti“ von gedungenen Mördern beseitigen zu lassen. Meine Klientin, als seine damalige Geliebte, schwor ihm deswegen ewige Rache und legte daraufhin ein Enthaltsamkeitsgelübde ab, um niemals wieder in Versuchung zu geraten, sich mit einem Mann in Liebe zu verbinden; was ja ihrer Überzeugung nach nur die Grundlage zu weiteren Verletzungen und tiefen Schmerzen sein konnte.

Die Frau konnte aufgrund dieses „Gelübdes“, das sich tief in ihr Unterbewusstsein eingebrannt hatte und dort ein stilles „Eigenleben“ führte, in ihrem jetzigen Leben keine Partnerbeziehung auf wirklicher Seelenebene leben, weshalb die Verbindungen zu Männern nach ein paar Jahren immer wieder zerbrachen. Ich erklärte ihr, dass ich es für extrem wichtig halte, alle Gelübde, Schwüre, Eide und Versprechen aus früheren Leben zu widerrufen, um deren bindende Wirkung damit aufzuheben; denn, nur weil wir nicht mehr wissen, was wir geschworen oder versprochen haben, heißt es noch lange nicht, dass die Wirkung dieser energetischen Verbindungen nicht mehr da ist!

Diese Erkenntnis verhalf der Frau zu einem vertieften Verständnis ihrer Partnerschaftsprobleme. Da sie selbst ganzheitlich therapeutisch tätig war, konnte sie nun den Konflikt mit ihren eigenen Möglichkeiten bearbeiten und versuchen zu transformieren, um damit zukünftig einen möglichen Partner anzuziehen, der auch dauerhaft ein echter „Seelengefährte" sein konnte.

Klient, 45 Jahre, Suizidgefährdung, Beziehungsunfähigkeit

Ein Klient, mit dem ich ausschließlich telefonisch arbeitete, berichtete mir, dass er jahrelang immer wieder stark depressiv und suizidgefährdet gewesen war, doch die größte Baustelle bei ihm sei im Augenblick seine Beziehungsfähigkeit, die er selbst als „erwiesene BeziehungsUNfähigkeit" bezeichnete! Er wünschte sich für die Zukunft sehnlichst eine erfüllende Partnerschaft und wollte gerne sein Bestes dafür tun. Ich erklärte ihm, dass ich es für sinnvoll erachten würde, sein Geburtshoroskop als Grundlage für die weitere Vorgehensweise heranzuziehen, um herauszufinden wie er „grundsätzlich tickte" und was denn seine Lernaufgaben im Hier und Jetzt zum Thema Partnerschaft beinhalten würden. Im Anschluss an diese astro*logische* Analyse wollte ich dann gerne alle weiterführenden Möglichkeiten meinerseits mit ihm besprechen.

Während unseres astro*logischen* Beratungsgespräches stellte sich heraus, dass er im Laufe seines Lebens schon manche extrem herausfordernde Erfahrung hatte machen müssen, wobei plötzliche Todesfälle und Selbstmorde in seinem

Familiensystem keine Seltenheit darstellten. Leidvolle Erfahrungen zum Thema Weiblichkeit wurden ihm schon von der Mutter gespiegelt und zogen ihren roten Faden durch sein ganzes Beziehungs-Leben. Ich seinem Fall betrachtete ich eine energetische Testung (welches karmische Ereignis diese vielen Negativerlebnisse in seinem Leben bedingt hatte) als sinnvoll und nachdem unsere geistigen Hilfen zugestimmt hatten, dass das Testergebnis als wichtige Verständnishilfe an den Betreffenden weitergegeben werden durfte (was nicht in allen Fällen so ist), konnte ich ihm nachfolgenden Sachverhalt mitteilen:

In einer vergangenen Inkarnation hatte er die Anweisung gegeben, nach seinem Ableben seine damalige Frau lebendig mit in sein Grabmahl einmauern zu lassen, was einer weit verbreiteten Tradition seiner damaligen Glaubensrichtung entsprach. Die Folgen dieser grausamen Entscheidung musste er - obwohl er verstorben war - im feinstofflichen Seelenkleid miterleben: er musste das Weinen und Wehklagen seiner Frau, das aus Verzweiflung darin gipfelte, ihn für diese Tat zu verfluchen, selbst noch „mithören und mitempfinden“ und musste diese schreckliche Erfahrung mit hinüber ins Jenseits nehmen.....

Ich zeigte meinem Klienten die möglichen Zusammenhänge und Auswirkungen seiner mitgebrachten „Prägung und Verwundung“ auf und erklärte ihm, welche Möglichkeiten der Heilung es dafür geben würde. Nach meinen Erfahrungen konnte seine ehrlich empfundene Reue mit von Herzen kommender Bitte um Vergebung und Verzeihung die notwendige Voraussetzung dafür sein, sich von dieser alten Schuld zu befreien. Ich gab ihm zur Hilfestellung ein geeignetes Schriftstück an die Hand, um dadurch für sich selbst die Möglichkeit zu schaffen, dass lichte Helfer ihn von dieser karmischen Bindung „lösen“ könnten und er zukünftig „erleichtert“ seiner weiteren partnerschaftlichen Wege gehen dürfte.

Dieser Fall schildert uns zwar ein sehr markantes, aber doch eindringliches Beispiel; denn wir alle schleppen unsere Verletzungen aus früheren Inkarnationen und unsere mehr oder weniger großen „Altlasten“ unbewusst mit in dieses Leben, mit dem Hintergrund, alte Schulden „abzubezahlen“ und uns im positiven Sinne weiter zu entwickeln. Manche von uns haben vielleicht nur kleinere Schulden zu tilgen und viele Andere haben noch ganze Berge abzutragen, aber wir können alles schaffen, wenn wir den guten Willen haben, einen gerechten Ausgleich zu schaffen! Ich bin der Überzeugung, dass jeder wahrhaft Suchende dann dorthin geführt wird, wo ihm schließlich wieder ein Stück weiter geholfen werden kann auf seinem Lebensweg.

KAPITEL LEBENSFRAGEN

Reinkarnation: Ist unser Leben eine Folge-Existenz?

Es gibt inzwischen viele überzeugende Bücher von Menschen, die sich an ihre vergangenen Inkarnationen wieder bewusst erinnern können. Ich möchte an dieser Stelle den Fall von Jenny Cockell zitieren, hier eine kleine Passage aus der Internetseite: „Am 24. Oktober 1933 stirbt Mary Sutton - eine 35 Jahre alte Mutter aus Irland - im Rotunda Hospital in Dublin an den Folgen der Geburt ihres achten Kindes.

Sie muss ihre Kinder bei ihrem alkoholkranken, gewalttätigen Mann zurücklassen, der jeden Penny in der Kneipe lässt. Die Sorge um die Zukunft ihrer Kinder nimmt sie mit in den Tod. Einundzwanzig Jahre später wird in England als drittes Kind einer ähnlich zerrütteten Familie ein Mädchen namens Jenny geboren. Ihr zukünftiges Leben ist auf eigentümliche Weise mit der 1933 verstorbenen irischen Mutter verknüpft.

Seit frühester Kindheit tauchen in ihrem Kopf Bilder aus dem Leben einer jungen Frau auf. Diese Frau heißt Mary, das weiß Jenny Cockell. Nach und nach nehmen die Bilder immer konkretere Formen an. Jenny nimmt glückliche und auch bedrohliche Situationen aus Marys Leben wahr. Sie erinnert sich an ihren Tod im Krankenhauszimmer und daran, dass sie ihren Körper von oben betrachten konnte und ein Priester an ihrem Bett kniete. Sie kann Marys Verzweiflung spüren, ihre Kinder allein ihrem Schicksal überlassen zu müssen. Mit der Zeit wird für Jenny eines immer mehr zur Gewissheit: Sie selbst muss diese Mary gewesen sein.

1989, als sie mit 35 Jahren so alt ist wie Mary damals, fasst sie einen Entschluss: sie will sich auf die Suche begeben und „ihre" Kinder wiederfinden. Doch diese Entscheidung musste sehr wohl durchdacht sein! Sie fragte sich, ob es richtig war, als Mutter zurückzukommen? Was sollte sie den Kindern, die nun viel älter als sie selbst waren, als Grund für das Treffen angeben? Würde man ihr diese phantastische Geschichte glauben? Sie wusste nicht, was sie sagen sollte. Sie engagierte eine Forscherin der BBC, die in diesem Fall recherchieren und dem ganzen eine seriöse und offizielle Note geben sollte. Die Forscherin interviewte Sonny, den ältesten Sohn der verstorbenen Mary, sowie Jenny selbst und verglich die Angaben unabhängig voneinander. Die Ergebnisse stimmten selbst in Details überein! Nun hatte Jenny Cockell etwas in der Hand, worüber sie mit „ihrem" ältesten Sohn reden konnte. An ihn erinnerte sie sich, als er 13 Jahre alt war. Nach dem ersten Telefongespräch mit Jenny wandte sich Sonny seiner Frau zu - er war weiß wie die Wand - und sagte: „Ich habe gerade mit meiner verstorbenen Mutter gesprochen." Zitat Ende

Wer die ganze Geschichte mit allen dramatischen Einzelheiten wissen möchte, kann dies gerne im Internet auf der Seite „www.der-familienstammbaum.de" nachlesen.

Was in unserer westlichen Welt von vielen Menschen „belächelt“ wird, ist für viele Völker anderer Kulturen seit Jahrtausenden eine absolute Selbstverständlichkeit: unser gegenwärtiges Dasein ist eine Folge-Existenz von mehreren vorangegangenen Leben. Dementsprechend bringt jeder von uns Erfahrungen, Prägungen und Veranlagungen aus vergangenen Existenzen mit und unsere Lernaufgabe besteht darin, uns im Sinne der Schöpfungsgesetze weiter zu entwickeln, um irgendwann als bewusster und „reifer“ Geist wieder zurückzukehren zu unserem Ausgangspunkt im geistigen Reich. Wer sich in dieses elementar wichtige Thema vertiefen möchte, um sich seine eigene Überzeugung bilden zu können, dem empfehle ich den Vortrag „Geistkeime“ aus dem Buch „Im Lichte der Wahrheit – Gralsbotschaft“ von Abd-ru-shin.

Übrigens: auch der christliche Glaube beinhaltete die Reinkarnationslehre: ob sie im Jahre 553 im Konzil von Konstantinopel durch Abstimmung der Konzil-Teilnehmer oder bei einem anderen historischen Treffen kirchlicher Würdenträger aus der Kirchenlehre verbannt wurde, darüber lassen sich im Internet widersprüchliche Meinungen finden.

Meine eigene Interpretation: die Kirche hat vor langer Zeit beschlossen, dass man gläubige Menschen mit der Drohung von der ewigen Verdammnis viel besser lenken kann, wenn diese von nur einer einzigen Existenz überzeugt sind und alle persönlichen „Glaubensfragen“ am besten dem kirchlichen Dogma überlassen. Wahrer Gottesglaube hingegen ist eine rein persönliche Angelegenheit und bedeutet nicht unbedingt einer Konfession angehören zu müssen! Unser Schöpfer hat uns die Veranlagung zum „selbst denken“ mitgegeben, die uns verpflichtet, alles was uns begegnet, auf Wahrheit und Werthaltigkeit durch unsere Empfindung zu prüfen, weil wir für alle Entscheidungen in unserem Leben auch die volle Verantwortung tragen müssen und diese können wir an keinen anderen Menschen oder eine Kirche übertragen!

Gott und die Welt

Jeder sinnsuchende Mensch wird sich in seinem Leben irgendwann die Frage stellen, wer unsere wundervolle Schöpfung erschaffen haben kann, die nicht nur durch die großen Wunder der Natur, sondern durch jede kleine Blume am Wegrand zu uns spricht. Viele Menschen leugnen heutzutage die Existenz eines Schöpfers und „glauben“ stattdessen nur noch an sich selbst und an das, was sie sehen und anfassen können. In unserer Blütezeit der industriellen Revolution können wir durch den „Glauben an unsere Technik“ zwar Raketen ins Weltall schicken, doch sind wir nicht fähig, die zwei Hälften eines Apfels wieder als eine vollkommene Einheit zusammenzufügen, die Mutter Natur als Ausdruck der Kraft unseres Schöpfers wachsen und gedeihen ließ.

Unsere wunderbare Erde ist nur ein kleiner Planet in einem großen Sonnensystem, das wiederum nur einen Bruchteil einer riesigen Milchstraße darstellt, die zu einer gigantischen Galaxie in einem unvorstellbar großen Universum gehört. Wir können von diesem Universum mit Hilfe unserer modernsten Teleskope nur einen winzigen Bruchteil des Ganzen aus der Ferne betrachten und doch nehmen wir „menschlichen Staubkörner“ uns oft so unglaublich wichtig! Viele von uns können nicht einmal eine Vorstellung von den Ausmaßen dieser gigantischen Schöpfung aufbringen, wollen aber die Existenz eines verantwortlichen Schöpfers leugnen.

Eine sehr interessante Interpretation zum Atheismus finden wir in einem Zitat des Zellbiologen Bruce Lipton, der in seinem Buch „Spontane Evolution“ schreibt: „Die von Atheisten bevorzugte Zufallstheorie der Schöpfungsentstehung besteht darin, sich vorzustellen, dass eine unendlich große Anzahl von Affen eine unendlich lange Zeit auf unendlich viele Klaviere einhämmert, damit als reines Zufallsprodukt irgendwann eine Sinfonie daraus entstehen kann!“ Zitat Ende

Anmerkung meinerseits: Ich persönlich halte die Zufallstheorie für eine sehr bequeme Ausrede von denkfaulen Menschen! ;-)

Leider meinen viele von uns, nur weil sie etwas nicht verstehen können, darf dies auch in ihrer Vorstellung nicht existieren; doch allein die Tatsache, dass wir alle ein winziger Teil dieser gewaltigen Schöpfung mit unvorstellbar großem Ausmaß sind, sollte uns die Existenz einer Schöpfermacht schon erkennen und uns demütig vor dieser Größe auf die Knie fallen lassen! Doch blinder Glaube oder anerzogene Konfession allein ist nichts wert, wenn daraus nicht unsere wirkliche Überzeugung entstehen kann, die wir als tragendes Fundament in unser alltägliches Leben integrieren können, um Sinn und Zufriedenheit zu finden.

Um der unbequemen Frage nach der Existenz eines allmächtigen Gottes aus dem Weg gehen zu können, bevorzugen moderne Mensch heutzutage oft lieber ihren eigenen Göttern zu huldigen: „Gott Fußball“ zum Beispiel oder „Gott Auto“, „Gott Mode“ oder vielleicht „Gott Fernseher“, nicht zu vergessen „Gott Handy“ und „Gott Computer Version X.x“; für diese und ähnlich geartete Götter „opfern“ die meisten von uns sehr gerne viele Stunden ihrer wertvollen Freizeit.

Aber nehmen wir uns auch die Zeit für ein regelmäßig gesprochenes Gebet oder für eine stille Zwiesprache mit unserem Schöpfer, die nicht unbedingt in einer Kirche erfolgen muss, sondern auch in der freien Natur oder einfach nur in unserem Inneren stattfinden kann? Erstaunlicherweise erinnern sich die meisten von uns, vor allem in Zeiten großer Not, dann doch wieder an den EINEN, für ALLE Menschen zuständigen Gott, der unsere Probleme lösen und unsere Wünsche erfüllen soll. Wohl dem, der auch in Zeiten des Glücks voller Überzeugung seinen Glauben leben und seinen Dank zum Schöpfer tragen kann!

Jan Udo Holey (besser bekannt unter dem Pseudonym Jan van Helsing) stellt in seinem Buch „ Die Kinder des neuen Jahrtausends“ eine interessante und überaus wichtige Frage zu Gott und seiner allumfassenden Schöpfung, die nicht nur aus dem uns sichtbaren Teil dieser Welt besteht: „Welche Religion, welches

„heilige Buch“ dieser Welt lehrt uns darüber, wie es im Jenseits aussieht, dem Ort, von dem wir alle kamen und in den wir alle wieder übergehen?“ Zitat Ende

In den Lehrbüchern der großen Religionen dieser Welt können wir auf diese Frage keine wirklich zufriedenstellende Antwort finden, sehr wohl jedoch in der Gralsbotschaft von Abd-ru-shin mit dem Titel „Im Lichte der Wahrheit“. Die Gralsbotschaft erklärt uns die Schöpfungsgesetze, deren Auswirkungen nicht nur die Erde, sondern das gesamte Universum betreffen. Der Verfasser beschreibt und erklärt in seinem unvergleichbaren Werk das Jenseits so genau und exakt, wie in keinem anderen Buch dieser Welt. Wenn wir dieses Buch nicht nur oberflächlich lesen, sondern tief darin schürfen, dann können wir darin die Antworten auf alle unsere Lebensfragen finden!

Gedanken zum Sinn unseres Lebens

Worin besteht Ihrer Ansicht nach der Sinn Ihres Lebens? Wenn Sie sich diese Frage bereits spontan und zielsicher beantworten können und das Leben Sie in Ihrer Anschauung bestätigt, dann möchte ich Sie hiermit beglückwünschen!

Sehr viele Menschen gehen dieser Frage soweit wie möglich aus dem Weg: sie gehen täglich von Montag bis Freitag in die Arbeit, das heißt einer Tätigkeit nach, die leider oft sehr wenig bis gar keine Freude in ihr alltägliches Arbeitsleben bringt und nur dazu dient, ihren Unterhalt zu verdienen. Das „richtige Leben“ wird auf den Feierabend, den nächsten Urlaub und auf das Wochenende gelegt.

Überall spricht man heutzutage von einer gesunden „Work-Life-Balance“, wobei auf ein ausgewogenes Verhältnis von Arbeit und (Privat)leben wert gelegt werden soll. Meines Erachtens beinhaltet dieser Begriff jedoch schon einen Widerspruch in sich: soll uns damit suggeriert werden, dass Work (also unsere Arbeit) nichts mit unserem Leben an sich zu tun hat? Dass wir nur wirklich leben, wenn wir nicht arbeiten? Fazit: dass Arbeit keine Freude machen kann? Auch bei Wikipedia finden wir die Beschreibung: „Beim Begriff Work-Life-Balance wird davon ausgegangen, dass (Berufs-)Arbeit (work) etwas anderes sei und abseits passiere vom Leben (life).“ Das unter der Arbeitswoche versäumte „Leben“ gilt es dann spätestens am Wochenende wieder nachzuholen, um möglichst viel zu konsumieren oder auch die wertvolle Freizeit durch Unterhaltung (unten-halten: Sie erinnern sich?) wieder totzuschlagen. Klingt das nicht irgendwie schizophren?

Besteht denn unser Leben nicht aus viel mehr als Arbeit und Freizeit? Viele von uns leben oft gar nicht mehr das eigene Leben, sondern lassen sich stattdessen von anderen Menschen fremdsteuern, einerseits um Widerstände und Auseinandersetzungen zu vermeiden und andererseits auch, um drängenden inneren Fragen konsequent aus dem Weg gehen zu können. Die meisten Sinnkrisen und Depressionen werden in Krisenzeiten von fehlenden Antworten auf wichtige Fragen des Lebens ausgelöst: Fragen nach dem „Woher kommen wir?“ und dem „Wohin gehen wir?“ Auch wenn uns von den meisten Medien anderes suggeriert wird, ist mittlerweile auch in unserer westlichen Welt hinreichend bekannt, dass Unterhaltung und Zeitvertreib, Sport und Spiele oder Shopping und Konsumorientierung keine wirkliche Erfüllung bringen und uns keine echte und dauerhafte Zufriedenheit in unserem Leben finden lassen.

Ich möchte Ihnen gerne an dieser Stelle MEINE Antwort auf die Frage nach dem Sinn unseres Lebens darlegen: ich betrachte unser Leben wie eine Schule, in der wir viele beeindruckende Erfahrungen machen dürfen; diese können einerseits unglaublich freudvoll, andererseits auch sehr schmerzhaft sein, vor allem, wenn wir ständig gegen den Strom des Lebens schwimmen wollen. Wenn wir allerdings bereit sind, uns den nötigen Lernfächern intensiv zu widmen und uns auf die bevorstehenden Prüfungen einzulassen, können wir diese Schule, unserer eigenen Geschwindigkeit entsprechend, früher oder später erfolgreich abschließen und irgendwann wieder dorthin zurück kehren, wo auch immer die erste unserer Inkarnations-Reisen für uns begonnen hat.

Abd-ru-shin schildert in seinem Werk „Im Lichte der Wahrheit“ den Weg des anfangs noch unbewussten Geistkeimes, der die verschiedenen Schöpfungsebenen durchwandert, um nach langer Reise letztendlich als vollbewusster und reifer Menschengeist zurückzukehren in unsere geistige Heimat, die von vielen

Konfessionen auch „das Paradies“ genannt wird. Die Aufgabe für uns Menschen besteht aus geistiger Sicht darin, uns zu veredeln und nach Beendigung unserer „Reifezeit“ die geistige Welt in der uns entsprechenden individuellen Art zu bereichern und zum großen Ganzen beizutragen.

In meiner Vorstellung passt dazu sehr gut das Bild vom Weizenfeld und von den Samenkörnern; nach der Aussaat auf dem Acker sollen die Samenkörner reiche Frucht bringen, doch wie viele Weizensamen sind wohl ursprünglich einmal gesät worden und wie viele davon sind aufgegangen? Passt zu dieser Vorstellung nicht auch hervorragend das Gleichnis vom verlorenen Sohn, der irgendwann auszog, um seine eigenen Erfahrungen in der Welt zu machen? Nach ein paar guten und nach sehr vielen schlechten(!) Erlebnissen und Erfahrungen kehrte er bereitwillig zurück, um im Weinberg seines Vater seinen freiwilligen Beitrag (man könnte auch sagen seinen „Dienst“) zu leisten. Erklärt uns nicht dieses Gleichnis, dass dieser „Vater“ sich von Herzen freut über jeden verlorenen Sohn, der wieder heimkehrt?

Wenn wir uns die Erde im Vergleich zum gesamten Weltall vorstellen, können wir vielleicht eine winzige Ahnung bekommen von der unendlichen Anzahl an Möglichkeiten und Erfahrungswerten, die die Schöpfung für einen Menschengeist bereit hält und wie lange es im Rahmen mehrerer Inkarnationen dauern kann, bevor dieser dann nach seiner nötigen Reifezeit irgendwann seinen Weg in die geistige Heimat vollenden kann. Konträr zu diesem Bild stellen östliche Religionslehren das höchst erreichbare

Ziel der menschlichen Seele als die Auflösung des Ich-Bewusstseins dar, was ich persönlich noch nie nachvollziehen konnte. Ich kann keinen Sinn darin erkennen, weshalb wir im Verlauf verschiedenster Inkarnationen zutiefst beeindruckende Erfahrungen machen, aufgrund derer wir zu genau DER Persönlichkeit geworden sind, die uns heute ausmacht, nur um diese wertvollen Erkenntnisse irgendwann wieder komplett zu verlieren?

Ich stelle meinen Klienten öfters die Frage: Stellen Sie sich vor, Sie müssten morgen diese Inkarnation beenden, was können Sie mitnehmen? Kurzes Innehalten und Nachdenken bringt meist die Erkenntnis mit sich, dass wir alle materiellen Besitztümer komplett zurück lassen müssen, egal wie viele wir haben und wie sehr uns diese ans Herz gewachsen sind. Stattdessen können wir aber unseren wertvollsten Besitz mit hinüber in andere Gefilde nehmen, wo wir unser Dasein in feinstofflicher Form fortsetzen. Unser jenseitiges Reisegepäck besteht aus unseren persönlichen Eindrücken, die in unserer Seele die tiefsten Spuren hinterlassen haben, unsere Erlebnisse und Empfindungen, die unser Leben in irgendeiner Weise bereichert oder beeindruckt haben in Form von Erfahrungen größter Freude oder durch tiefes Leid.

Leid, das wir leider manchmal dringend brauchen, um zu erkennen, was wir wirklich brauchen, was in unserem Leben einen unverzichtbaren Wert darstellt und die Einsicht, dass wir uns diese grundlegenden Bedürfnisse mit Geld definitiv nicht kaufen können! Elementar wichtige Erkenntnisse dieser Art lassen uns dann umkehren von falschen Wegen, die uns in die Irre führen können. Solche Einsichten ermöglichen uns die Heilung von vielen alten Verletzungen, aber nicht nur Heilung uns selbst betreffend, sondern auch die Heilung von Wunden, die WIR anderen Menschen zugefügt haben, indem wir unsere unrechten Handlungsweisen erkennen und dafür um Verzeihung und Vergebung bitten!

Viele positive und negative Erfahrungen formen uns letztendlich zu DEM Menschen, der wir tief in unserem Inneren auch wirklich sind, ohne Schminke und ohne jegliche Beschönigung. Nebenbei erwähnt verlieren durch diese Betrachtungsweise auch die meisten Schönheitsoperationen an Bedeutung, weil sie ja immer nur das Äußere verändern können, jedoch nie den inneren Menschen und niemals unseren Geist, der diese äußere Hülle unseren seelischen Themen entsprechend geformt hat und darin „sichtbar" wird!

Kehren wir zurück zu der Frage nach dem Sinn unseres Lebens, der für mich unter anderem auch darin besteht, unseren wahren „Selbstwert" zu erkennen! Nicht indem wir uns höherwertig als andere betrachten, sondern indem wir uns auf unsere positiven Veranlagungen, Stärken und Fähigkeiten konzentrieren und diese veredeln und entwickeln wollen, denn dieses Streben macht uns zu wahrhaft „wert-vollen" Menschen! Dadurch können wir nicht nur für uns selbst Zufriedenheit, Freude und echtes Lebensglück finden, sondern wir können auch die Menschen „bereichern" mit denen wir uns von Herzen verbunden fühlen, ganz egal, ob durch familiäre, freundschaftliche oder berufliche Beziehungs-Bande.

Ich bin vollkommen überzeugt, dass der größte Dank, den wir Menschen unserem Schöpfer darbringen können, darin besteht, die selbsttätig wirkenden Schöpfungsgesetze zu beachten, die wir überall finden können, wenn wir nur sehen wollen und unser eigenes Leben freudig und harmonisch darin einzufügen. Dann sind wir irgendwann keine Störenfriede mehr in dieser Schöpfung und können getrost erwarten, was uns die Mühlen Gottes zuführen, die zwar bisweilen langsam mahlen aber hundertprozentig gerecht!

Ein Leben in Fülle: Nur eine Frage unserer Sichtweise?

Ist es Ihnen ein natürliches Bedürfnis, Ihren Dank freudig nach „oben“ zu schicken für alle Ereignisse in Ihrem Leben, die Sie glücklich machen und Ihr Innerstes bereichern? Oder gehören Sie zu den Menschen, die ihren Fokus gerne darauf richten, was gerade nicht so gut läuft in ihrem Leben, um dann bei schmerzlichen Erfahrungen oder einem Schicksalsschlag den lieben Gott dafür verantwortlich zu machen? Natürlich nur unter der Voraussetzung, dass es ihn auch wirklich gibt! Jedenfalls schadet es ja bekanntlich nie, eine Adresse für Reklamationen zu haben, oder? ;-)

Leider vergessen wir oft, dass die widrigen Umstände unseres Lebens mit Sicherheit nicht von unserem Schöpfer gewollt und als Strafe gedacht sind, sondern hauptsächlich die Rückwirkungen des Lebens darstellen, deren Ursachen irgendwann durch uns selbst und unsere freien Willensentscheidungen in die Welt gesetzt worden sind. Ich bin nach vielen Jahren ganzheitlicher Arbeit mit anderen Menschen zu der Überzeugung gekommen, dass es meist unsere eigenen begrenzten Denkweisen sind, die uns an einer positiven Lebenseinstellung hindern. Wenn wir bereit sind, unseren Blickwinkel zu erweitern, dann kann sich unser Leben positiv verändern und wir können neue und bereichernde Perspektiven finden!

Einer jungen Frau, die eine unerklärliche Abneigung davor hatte, eigene Kinder zu bekommen, entlockte ich im Laufe unseres Gespräches ihre gut versteckte Befürchtung, dass sie dadurch die Liebe ihres Mannes teilen müsste und dann für sie selbst nicht mehr soviel übrig bleiben würde, wie sie sich insgeheim wünschte. Ich erklärte ihr, dass durch ein Kind auch die Liebe ihres Mannes wachsen und gedeihen könnte, so wie ein Setzling, der durch Zuwendung und Pflege zu einer wunderschönen und starken Pflanze gedeihen kann. Denn Kinder können oft „unerbittlich" die Zuwendung eines Erwachsenen wie selbstverständlich einfordern und dadurch einem Menschen, der sich im Prinzip schwer tut, seine Gefühle zu zeigen, ein wunderbarer Lehrmeister auf diesem Gebiet sein. Diese Erfahrung würde für alle Beteiligten ein sehr großer Nutzen sein!

Durch die Arbeit mit meinen Klienten habe ich die Erfahrung gemacht, dass die meisten von uns sich permanent selbst stark einschränken, indem sie ihre gewohnten Vorstellungen und Sichtweisen hauptsächlich auf den Mangel richten, also auf das, was sie gerade NICHT haben. Doch Gefahr erkannt, ist halb gebannt: nachdem wir uns gedanklich „ertappt" haben, liegt es in unserer eigenen Macht, uns wieder positiv zu orientieren. Eine gute Möglichkeit dafür kann sein, uns auf das Gute in unserem Leben zu konzentrieren, denn es gibt im Leben von uns allen viele Dinge, für die wir dankbar sein können! Eine hilfreiche kleine Angewohnheit kann sein, eine Zeitlang ein Dankbarkeits-Tagebuch zu führen. Ich habe dies über den Zeitraum von mehreren Jahren gemacht und in unregelmäßigen zeitlichen Abständen in Stichpunkten meine persönlichen Erlebnisse eingetragen, an denen ich mich erfreuen konnte und für die ich sehr dankbar war. Es können Kleinigkeiten sein, wichtig ist nur unsere Wertschätzung, die wir diesen Dingen entgegenbringen. In Zeiten von Traurigkeit und Dunkelheit kann uns ein solches Büchlein einen echte Hilfe sein, um unseren Blick wieder auf die lichten Seiten unseres Lebens richten zu können.

Auch positive und aufbauende Affirmationen können gute Dienste leisten, allerdings nur, wenn wir vom Sinn der Aussage wirklich überzeugt sind!

Ich verrate Ihnen an dieser Stelle eine meiner Affirmationen: „Ich lebe voller Vertrauen in der Fülle, die das Leben mir täglich schenkt, denn ich weiß, dass ich diese Fülle freudig weiter tragen darf in die Welt!"

Sie können sich unter dem Begriff „Fülle" nur schwer etwas vorstellen? Vielleicht kann Ihnen folgendes humorvolle Beispiel auf die Sprünge helfen? Mutter Natur führt uns im Geheimnis des werdenden Lebens täglich vor Augen, was Fülle des Lebens bedeutet: Millionen von Spermien werden produziert, obwohl nur eine einzige wirklich gebraucht wird, um ein Ei zu befruchten und neues Leben zu formen. Das schnellste oder ausdauerndste Spermium gewinnt das biologische Rennen. Stammen wir so gesehen nicht alle von Siegern ab? ;-)

Letztendlich haben wir alle täglich die Wahl, unseren Blick auf Schwächen und Unzulänglichkeiten zu richten oder uns verstärkt auf die Bereiche in unserem Alltag zu konzentrieren, die Fülle beinhalten und damit einen wichtigen Spielraum bieten für unser zukünftig „erfülltes“ Leben!

Die Macht von Ritualen

Beginnen Sie ihren Tag freudig und energiegeladen oder gehören Sie zu den vielen Menschen, die sich morgens aus dem Bett und in den Tag quälen? Suchen Sie vor dem Aufstehen die gedankliche Verbindung mit unserem Schöpfer und unseren lichten Helfern, um sich bewusst Kraft für den bevorstehenden Tag zu holen? Beten Sie mit Ihren Kindern oder halten Sie solche Rituale für „out“, weil sie angeblich nicht mehr in unsere moderne und technikorientierte Zeit passen?

Meiner Meinung nach bereichern Gebete und sinnvolle Rituale nicht nur unser eigenes Leben, sondern gehören zu den wertvollsten Dingen, die wir unseren Kindern mit auf ihren Weg geben können. Hilfreiche Rituale ermöglichen Kindern, als Erwachsene das Leben selbstständig und erfolgreich zu meistern. Rituale erleichtern nicht nur unser Leben, sondern schaffen auch wichtige Lebenswerte!

Als kleine Anregung für einen guten Start in den Tag möchte ich Ihnen mein Morgenritual anvertrauen: Ich kombiniere ein paar Yoga-Übungen mit entsprechend wichtigen Gedanken, die mir helfen, meinen Tag bewusst und positiv zu beginnen. Eine einfache, aber in meinen Augen sehr wirksame Möglichkeit, um körperlich beweglich und fit zu bleiben, ist für mich der Schulterstand oder der Kopfstand; Yoga-Insider wissen auch um die natürliche Anti-Aging-Wirkung dieser Stellung. Da der Kopfstand nicht jedermanns Sache ist, gibt es mittlerweile bestens geeignete Yogahocker mit einer Aussparung für den Kopf wobei nur die Schultern belastet werden. Ich würde es als Kopfstand für schmerzempfindliche und frisur-eitle Menschen bezeichnen, wozu ich mich zähle, weshalb ich einen dieser praktischen Hocker mein Eigen nenne. ;-)

Meine körperlichen Übungen für Rückenmuskulatur, Bauch, Arme und Beine die ich am Boden mache nehmen wirklich nur knappe 10 Minuten in Anspruch. Jeder kann sich seine individuellen Lieblingsübungen gerne so zusammenstellen, wie es ihm beliebt. MEIN Motto lautet: ein gesunder Geist wohnt gerne in einem gesunden Körper! Die Hauptübung, die aus einem Schulterstand mit gerade gestreckten Beinen nach oben besteht, kann natürlich jederzeit auch als Einzelübung ohne vorheriges „Fitnessprogramm" gemacht werden.

Ganz egal welche körperliche Übung Sie am Morgen bevorzugen, das Wichtigste dabei ist die gezielte Ausrichtung unserer Gedanken und diese könnten wie folgt lauten:

„Ich verbinde mich mit dem Licht und mit der vollkommenen Schöpfung. Lichtenergie (Sie können es auch gerne anders benennen: Kosmische Energie, Lebensenergie, Schöpfungsenergie, etc.) fließt durch meine Füße in meinen gesamten Organismus, diese Energie erfüllt mich ganz und durchdringt jede meiner Zellen. Vollkommen erfüllt mit dieser Energie kann ich meine Aufgaben heute gut bewältigen. Dienen will ich meinem Schöpfer durch mein tägliches Wirken: in Demut will ich dienen, in Dankbarkeit, in Treue und in Freude.

Ich bin verbunden mit meinen geistigen und wesenhaften lichten Helfern, und ich danke von Herzen für alles was ihr täglich für mich tut, denn ohne euch wäre ich nichts!

Doch durch euch treu geführt und geleitet, bin ich in Verbindung mit meinem Schöpfer und an starken Lichtfäden verankert.

DANK sei meinem Schöpfer für seine unendlich große Güte und Gnade!"

Natürlich sollen diese Worte nur als kleine Anregung gedacht sein, um sich einen eigenen Text zu formen, den sich jeder individuell nach seinen persönlichen Überzeugungen zusammenstellen kann, wichtig dabei ist nur, dass die gewählten Worte unsere persönliche Empfindung treffen und unsere Herzkraft dabei strömen kann! Wir sollten diese Worte also nicht nur gedanklich herunterleiern, sondern von deren Aussagekraft auch wirklich überzeugt sein, um die energetische Wirkung spüren zu können, die sich dann in unserem Alltag ausdrückt!

Die einfache Übung des Schulterstandes, verbunden mit positiver Gedankenkraft, ist meines Erachtens auch eine der besten Voraussetzungen für eine gesunde Wirbelsäule.

Wussten Sie bereits, dass aus ganzheitlicher Sichtweise unsere Wirbelsäule das Speichermedium unseres Körpers darstellt, ähnlich wie die Festplatte eines Computers? Alle positiven und leider auch negativen Programme und Automatismen werden dort gespeichert; nicht nur deshalb sollte uns die Gesunderhaltung unserer Wirbelsäule absolut wichtig sein, da sie im wahrsten Sinne des Wortes eine tragende Rolle spielt!

Bitte lassen Sie sich nicht entmutigen, wenn Sie etwas Zeit brauchen, um diese Übung aufzubauen; kein Meister fällt vom Himmel! Sie werden staunen, wie leicht es Ihnen nach zwei bis drei Wochen fällt, sich bis zu zehn Minuten oder sogar länger (wenn Sie das möchten) in dieser Stellung zu „energetisieren".

Der natürliche Verjüngungseffekt ist, wie bereits erwähnt, gratis mit dabei. Seien Sie kreativ und probieren Sie es einfach aus und Sie werden feststellen, dass ein Tag, der auf diese Weise mit einem Ritual begonnen wird, eine enorm positive Schubkraft hat, auf deren Wirkung Sie schon nach kurzer Zeit nicht mehr verzichten möchten!

Guter Schlaf und bewusste Träume

Für mich geht es nicht nur darum, den Tag positiv und aufbauend zu beginnen, sondern ihn unbedingt auch bewusst und dankbar wieder zu vollenden.

Die Konzentration unserer Gedanken vor dem Einschlafen sollte unbedingt auf Aufbauendes und Positives gerichtet werden, denn diese Fokussierung ermöglicht uns Beruhigung, Entspannung und einen erholsamen Schlaf. Trotz körperlicher Ruhe läuft unser Geist (ich meine hiermit NICHT den Verstand) im Schlaf zur Höchstform auf; dies bestätigen uns die Ergebnisse der modernen Schlafforschung. Die sogenannte REM-Schlafphase (REM = Rapid Eye Movement) ist der Beweis für die höchste Aktivität unseres Geistes, der im Gegensatz zum Körper keinen Schlaf braucht.

Ein aus ehrlichem und dankbarem Herzen gesprochenes Gebet kann eine gute und wirkungsvolle Einschlafhilfe von unschätzbarem Wert sein. Zur Unterstützung eines gesunden Schlafes können uns auch positive Affirmationen helfen; diese sind nichts anderes als direkte Befehle an unser Unterbewusstsein, besonders wenn sie uns einmal zur Gewohnheit geworden sind.

Eine gute Affirmationsmöglichkeit für einen erholsamen und wohltuenden Schlaf sind die Anregungen des Religionswissenschaftlers Joseph Murphy, die er uns in seinem Buch „Die unendliche Quelle Ihrer Kraft“ mit auf den Weg gibt: „Ich schlafe in Frieden und ich erwache in Freude. Ich träume unverschlüsselt und klar und ich kann mich am Morgen an meine Träume erinnern.“

Diese Worte können eine Art „Programmierung des Unterbewusstseins“ bewirken, und nach einer Zeit der ständigen Wiederholungen (mindestens 70 Wiederholungen sind laut moderner Gehirnforschung dazu nötig) wird diese Arbeit irgendwann gewissenhaft und brav als automatisch ausgeführtes Programm selbsttätig von unserem Unterbewusstsein verrichtet. In unseren Träumen verarbeiten wir wichtige Erkenntnisse und prägende Erlebnisse, die in dafür vorgesehenen Gehirnregionen gespeichert werden, um für den Bedarfsfall verfügbar zu sein. Die konzentrierte Wiederholung dieser Übung bringt einen echten Doppeleffekt mit sich: unser Unterbewusstsein kann über Nacht während wir schlafen nach Lösungen für ein Problem suchen und uns diese morgens nach dem Aufwachen „präsentieren!“ ;-)

Die stärkste Form der positiven Ausrichtung finden wir allerdings im tief empfundenen Gebet! Gläubige Menschen sind aufgrund persönlicher Erfahrungen vollkommen überzeugt von der Macht des Gebetes: auf keinen Fall muss ein Gebet unbedingt etwas „Vorgefertigtes“ oder auswendig Gelerntes sein, wie es uns die Kirchen oft weismachen wollen, sondern es kann auch eine Unterhaltung in Gedanken sein. Für mich persönlich ist es grundlegend wichtig, meinen Tag bewusst zu beginnen und auch abends wieder zu beenden, meine letzten Gedanken vor dem Schlaf widme ich dem Dank an unseren Schöpfer.

Die Macht des Segnens

Haben Sie schon von Masaru Emoto gehört, dem japanischen Parawissenschaftler und Alternativmediziner? Ein Auszug aus seinem Eintrag bei Wikipedia lautet: „Emoto beschäftigte sich seit Anfang der 1990er-Jahre mit Wasser. Er vertrat die Auffassung, dass Wasser die Einflüsse von Gedanken und Gefühlen aufnehmen und speichern könne." Masaru Emoto, der leider 2014 verstarb, fand heraus, dass sich Wasser informieren lässt und somit ein Speichermedium darstellt, was er anhand Photografien von Wasserkristallen beweisen und in vielen Büchern dokumentieren konnte. Sie können tausende Photos davon im Internet finden!

Ein Wassertropfen, der durch das Wort Liebe informiert wurde, bildet einen herrlich geformten symmetrischen Kristall. Ein anderer Wassertropfen, dessen Information aus Hass besteht, zeigt eine missgebildete und verunstaltete Form. Da unser Körper zu circa 75 Prozent aus Wasser besteht, kann jeder von uns sich vorstellen, was gute oder hässliche Gedanken in uns bewirken können!

Das Wasser, das wir täglich trinken, kann laut Emoto natürlich ebenfalls informiert werden. Heutzutage groß in Mode sind Mineralwässer, die zu unverschämt hohen - und meines Erachtens überhaupt nicht gerechtfertigten - Preisen angeboten werden. Die Frage nach dem Sinn stellt sich hier ebenfalls: nach Peter Ferreira, dem Verfasser des höchst empfehlenswerten und interessanten Buches „Wasser und Salz", könnte man auch einen Eisennagel in Wasser legen und dadurch annehmen, dass dieses Wasser dadurch eisenhaltig wird! Schwer vorstellbar, oder? Trotzdem werden uns tonnenweise mit Mineralstoffen und gesundheitsschädigender Kohlensäure (weil es so schön prickelt) versetzte Wässer angeboten und erfolgreich verkauft; schließlich lässt sich damit jede Menge Geld verdienen!

Hier ein kleiner Tipp: wenn Sie unterwegs sind oder im Restaurant essen und ausschließlich kohlensäurehaltiges Mineralwasser bereitgestellt wird, dann bestellen Sie sich doch einfach Leitungswasser als Getränk zum Essen. Das schont nicht nur den Geldbeutel, sondern vor allem Ihre Gesundheit!

Viele Menschen benutzen Kristalle und Steine zum Aufbereiten ihres Trinkwassers; ich habe dies früher ebenfalls praktiziert, bin mittlerweile jedoch überzeugt, dass unser positiv ausgerichtetes menschliches Bewusstsein die wirksamste „Informationsmöglichkeit" darstellt! Wir benutzen seit vielen Jahren eine hausintern installierte Osmose-Anlage, um unser Leitungswasser von Schadstoffen jeglicher Art zu reinigen und durch entsprechend nachgeschaltete Filter wieder zu energetisieren, doch ich habe mir angewöhnt jedes Glas Wasser das ich trinke, zusätzlich mit den Worten (oder Gedanken) „Liebe und Dankbarkeit“ zu „informieren“, um eine möglichst hohe und reine Schwingung zu ermöglichen. Eine komische Vorstellung? Jetzt ist es soweit, werden Sie denken, wer sich mit seinem Wasserglas unterhält, den kann wohl keiner mehr für voll nehmen, oder? ;-)

In meinem Elternhaus war es noch ein alltägliches Ritual vor dem Essen zu beten und dadurch den Segen Gottes für unser Essen und Trinken zu erbitten. In unserer „aufgeklärten Zeit“ ist oftmals leider keine Zeit mehr oder es mangelt an der nötigen Überzeugung für die Wichtigkeit solcher Handlungen. Emoto fand heraus, dass Wörter wie Liebe, Dankbarkeit oder ähnlich positive Begriffe eine extrem hohe energetische Schwingung haben, die wir unserem Körper möglichst oft zuführen sollten – man kann sie nicht überdosieren, je mehr wir davon bekommen, desto besser für uns! Gut informiertes Wasser oder gesegnete Mahlzeiten weisen eine bessere Verwertbarkeit für unseren Körper auf und haben eine hohe Zellverfügbarkeit; man könnte auch einfach sagen: es ist GESUND, aber das klingt für viele moderne Menschen wohl zu einfach und zu unwissenschaftlich.

Auch wenn es nicht mehr unserem aktuellen Zeitgeist entspricht, sollten wir uns doch wieder angewöhnen, nicht nur unser Trinkwasser und unser Essen zu segnen, sondern auch die Menschen, die uns am Herzen liegen. Jeder von uns kann seinen Segen in die Welt schicken; diese Handlungen sind nicht nur Priestern und Kirchendienern vorbehalten! Wir können wahre Größe zeigen indem wir auch Menschen segnen, mit denen wir NICHT in Liebe und Freundschaft verbunden sind und ihnen gedanklich unsere aufrichtigen und besten Wünsche schicken.

Das ehrlich empfundene Bedürfnis, jemand anderen zu segnen, kann sehr viel Gutes bewirken, auch wenn die Auswirkungen für unsere Augen nicht immer direkt ersichtlich sind; eine positive energetische Verbindung wird dort erfolgen, wo die Möglichkeiten gegeben sind - dafür sorgen die natürlichen und selbständig arbeitenden Schöpfungsgesetze!

Die Suche nach unserer Lebensaufgabe

Meines Erachtens besteht unsere Lebensaufgabe nicht darin, Wunder zu wirken oder heldenhafte Taten zu vollbringen, um dann als menschliche Koryphäen die Geschichtsbücher zu bereichern. Die vielgesuchte Lebensaufgabe besteht für mich mittlerweile ganz einfach darin, unsere eigenen individuellen Fähigkeiten wieder zu entdecken und zu leben! Unser gutes Wollen muss zur Tat werden, denn erst dann ist die evolutionäre Entwicklung für uns Menschen gegeben und wir können den durch nichts zu ersetzenden Zustand der inneren Zufriedenheit erreichen. Wir können unsere PersönlICHkeit entfalten (in der sich das Wort „ICH" versteckt), dann gibt es keine hindernden Begrenzungen mehr für uns, die wir nicht überwinden könnten; wir dürfen unsere Flügel ausbreiten und in die Welt fliegen!

Die Voraussetzung, um irgendwann fliegen zu können, ist allerdings mit Arbeit verbunden; die wichtigste Grundlage dazu ist für mich der freie Wille des Menschen. Es liegt an jedem von uns selbst, sich aufzuraffen und den nötigen Willen aufzubringen, um Dinge in unserem Leben zu verändern, die uns unglücklich machen und die uns daran hindern wollen, unsere Potentiale zu leben! Wir können uns jeden Tag neu entscheiden, den Tag positiv oder negativ zu leben, denn „des Menschen Wille ist sein Himmelreich", wie eine weise Redewendung besagt; nur die Folgen unserer Entscheidungen (und auch Fehlentscheidungen) muss jeder von uns dann auch selbst tragen und die volle Verantwortung für alle Konsequenzen übernehmen. Meiner Überzeugung nach liegt darin auch die Gerechtigkeit des Lebens verankert, denn die Rückwirkungen von Fehlentscheidungen oder eines destruktiven Verhaltens treffen uns als Verursacher in jedem Fall und ist letztendlich nur eine Frage der Zeit.

Der ernsthafte Wille zu einer Veränderung schafft jede nötige Grundlage; oft ist dann alles viel einfacher, als wir es uns vorstellen können. Das Leben erledigt erstaunlich viele Dinge für uns und führt uns alle wichtigen Menschen, Dinge und Situationen zu, die wir brauchen, um unsere nötigen Lektionen zu lernen und wesentliche Erfahrungen zu machen. Stehenzubleiben oder sich dauerhaft treiben zu lassen, ist gegen die Naturgesetze oder man könnte auch sagen, gegen den Willen unseres Schöpfers. Evolution bedeutet Weiterentwicklung, das ist die Kernaussage des Lebens; überall, wohin der Mensch sehen kann, existiert dasselbe Prinzip.

Für uns alle bedeutet das konkret, dass wir sogar die Pflicht und die Aufgabe haben, unsere mitgebrachten Fähigkeiten und Sinne zu entwickeln und zu vervollkommnen. Wenn wir die natürlichen Gesetzmäßigkeiten beachten, die ein Ausdruck der Sprache unseres Schöpfers sind, dann können wir nicht nur den Sinn in unserem Leben erkennen, sondern auch wahres Lebensglück finden!

Unser inneren Werte bereichern die Welt

Es gibt Milliarden Menschen auf unserer Erde, aber trotzdem keine zwei völlig identischen und gleich veranlagten Personen; sogar bei eineiigen Zwillingen lassen sich verschiedene Facetten ihrer Persönlichkeit erkennen. Deshalb trägt auch jeder von uns einzigartige und unverwechselbare Veranlagungen und Fähigkeiten in sich, die unserer ureigenen und unverwechselbaren Art entsprechen! Diese Werte können wir mit keinem Geld der Welt kaufen, sie sind Schätze, die wir bereits mitbringen und in uns tragen, und die im Verlauf unseres Lebens wieder entdeckt und gehoben werden wollen. Es sind diese inneren Werte, die das Charisma eines Menschen ausmachen und der unsere Ausstrahlung unwiderstehlich und anziehend werden lassen kann, ganz unabhängig von Geschlecht, Status, Beruf oder Lebensalter.

Das Leben stellt uns die Aufgabe, unsere individuelle Kombination an persönlichen Stärken, Fähigkeiten und Potentialen in die Welt zu tragen und diese damit zu bereichern, so wie die Natur es uns vormacht, indem sie uns ihre grandiosen Schauspiele einer unermesslich üppigen und farbenprächtigen Pflanzenvielfalt bietet. Es geht nicht darum, das Leben zu fragen: „Leben, was hast Du mir zu bieten?“ Nein, im umgekehrten Sinne fragt uns das

Leben: „Mensch, was hast Du zu bieten? Was trägst Du dazu bei, um das Leben hier auf diesem Planeten lebenswert zu machen?" Damit wir uns im Sinne des Lebens frei entwickeln können, ist es eine unbedingte Notwendigkeit, uns an die Gesetzmäßigkeiten zu halten, die unser Schöpfer in diese Welt gelegt hat.

Ein Zitat aus der Gralsbotschaft von Abd-ru-shin besagt: „Frei ist nur der Mensch, der in den Gesetzen Gottes schwingt!" Damit ist gemeint, dass wir nur dann frei von unseren Karmafäden und damit verbundenen karmischen Rückwirkungen sein können, wenn wir uns harmonisch einfügen können in die Gesetze dieser Schöpfung, um aufbauend und segensreich in dieser Welt zu wirken. Dann können wir eines Tages wirklich frei sein und unser Geist kann höchste Höhen erreichen. Höhen, die für menschliche Augen hier in der Grobstofflichkeit noch nicht sichtbar sind, aber deren Vorstellung in uns ein Ahnen aufkommen lassen kann, ein Ahnen, das uns mit Vertrauen, Zufriedenheit, Geborgenheit und Glück erfüllt. Wenn wir uns durch unsere Lichtsehnsucht zu einem „sich-seiner-selbst-bewussten" und „wert-vollen" Menschen entwickeln, können wir unseren Beitrag für eine bessere Welt leisten!

Ein in meinen Augen wahrhaft vorbildlicher Mensch, der den inneren Reichtum von lichtsuchenden Menschen längst erkannt hat, war Nelson Mandela. Mandela war der wichtigste Wegbereiter des versöhnlichen Übergangs von der Apartheid zu einem gleichheitsorientierten, demokratischen Staatswesen in Südafrika.

Mit seiner Antrittsrede aus dem Jahre 1994 möchte ich gerne mein Buch beenden und hoffe, diese Worte können die Herzen und Seelen meiner Leserinnen und Leser genau so tief berühren, wie sie mich berührt haben:

„Unsere tiefste Angst ist nicht, dass wir unzulänglich sind. Unsere tiefste Angst ist, dass wir unermesslich machtvoll sind. Es ist unser Licht das wir fürchten, nicht unsere Dunkelheit.

Wir fragen uns: Wer bin ich denn eigentlich, dass ich leuchtend, hinreißend, begnadet und fantastisch sein darf? Wer bist Du denn, es nicht zu sein?

Du bist ein Kind Gottes. Wenn Du Dich klein machst, dient das der Welt nicht. Es hat mit Erleuchtung nichts zu tun, wenn Du schrumpfst, damit andere um Dich herum sich nicht verunsichert fühlen. Wir wurden geboren, um die Herrlichkeit Gottes zu verwirklichen, die in uns ist. Sie ist nicht nur in einigen von uns, sondern in jedem Menschen.

Und wenn wir unser eigentliches Licht erstrahlen lassen, geben wir unbewusst anderen Menschen die Erlaubnis, dasselbe zu tun. Wenn wir uns von unserer Angst befreit haben, wird unsere Gegenwart ohne unser Zutun andere befreien.“

ENDE

NACHWORT

WAHRsageZeit!

Das Wort „wahrsagen" ist allgemein betrachtet sehr negativ belegt und wird in unserer Zeit meist in den Bereich der Esoterik abgeschoben. Bei „Wikipedia" finden wir dazu folgende Beschreibung: „Als Wahrsagen oder Wahrsagung, abwertend Wahrsagerei, werden zahlreiche Praktiken und Methoden zusammengefasst, die dazu dienen sollen, zukünftige Ereignisse vorherzusagen und gegenwärtige oder vergangene Ereignisse, die sich der Kenntnis des Fragenden entziehen, zu ermitteln."

Leider nehmen viele Menschen, die im Bereich Lebenshilfe tätig sind, es heutzutage mit der Wahrheit gar nicht so genau. Sie versuchen oft möglichst viel Geld mit bestimmten Prognosen oder konkreten Zukunftsvoraussagen einzunehmen, die in vielen Fällen auf fehlende Kompetenz und mangelnden Verantwortungssinn hinweisen und mehr Schaden als Nutzen anrichten können. Ich finde, es ist höchste Zeit, uns wieder verstärkt ins Bewusstsein zu rufen, dass das Wort „wahrsagen" aus den beiden Wörtern „wahr" und „sagen" besteht, es also ursprünglich den Sinn beinhaltet „die Wahrheit zu sagen"!

Da wir alle ausnahmslos dem „Gesetz von Saat und Ernte" unterliegen, das besagt, dass wir ALLES, das wir säen, irgendwann auch wieder ernten müssen, sollten wir uns die Werthaltigkeit unserer Aussagen wirklich sehr genau überlegen.

Nicht nur unter diesem Aspekt halte ich eine „wahrheitsgetreue“ Sprache und ein verantwortungsbewusstes Verhalten für jeden von uns als unbedingt notwendig; im Besonderen gilt das wenn man mit ratsuchenden Menschen arbeiten möchte. Aus diesem Grund habe ich den Titel „WAHRsageZeit!“ für mein Buch gewählt.

DANK

Bedanken möchte ich mich bei allen meinen Klienten, die mir ihr Vertrauen geschenkt haben, denn ich durfte durch jede astro*logische* Beratung, jedes Coaching und jede heilenergetische Behandlung selbst dazulernen und durch die gemeinsamen Erfahrungen mit meinen Klienten auch persönlich wachsen. Ich dokumentiere in diesem Buch meine eigenen Erkenntnisse, Überzeugungen und sorgfältig ausgewählte Fälle aus meiner Praxis, die selbstverständlich völlig anonym behandelt und so geschildert werden, dass die Privatsphäre meiner Klientinnen und Klienten absolut geschützt und gewahrt bleibt!

Ich habe alle Fallbeispiele mit Bedacht ausgesucht, denn es ist mir sehr wichtig meinen Leserinnen und Lesern begreiflich zu machen, dass uns nichts in unserem Leben „zufällig“ passiert! Es liegt mir am Herzen, die ganzheitlichen Zusammenhänge von prägenden Erlebnissen erklärend zu schildern, um den Sinn, der hinter jedem Geschehen oder einer Krankheit verborgen ist, besser verstehen zu können!

„Der Mensch ist ein sinn- und wertorientiertes Wesen.“ Diese Aussage stammt von Victor Frankl, dem Begründer der Logotherapie. Der Sinn eines bestimmten Geschehens kann nicht nur elementar wichtig für einen hilfesuchenden Menschen sein, der zu mir in die Praxis kommt; wenn wir diese wertvollen Erfahrungen weitergeben und auch anderen Menschen zuteil werden lassen, die darin wiederum einen Sinn im eigenen Erleben finden können, dann kann dies zu unermesslich wertvollen Erkenntnissen und Erfahrungen führen. Ich konnte oft an mir selbst feststellen, dass es die persönlichen Erlebnisberichte von anderen Menschen waren, die mich wieder ein Stück weiter gebracht haben und manches besser verstehen ließen, wo ich mir bis dahin eine Grenze in meinem eigenen Kopf gesetzt hatte.

Ähnliche bereichernde „Aha-Effekte“ wünsche ich allen meinen Leserinnen und Lesern, da dies einen unglaublich großen Fortschritt für unser eigenes Leben und die Klärung der damit verbundenen eigenen Konfliktthemen bedeuten kann, die jeder von uns – bewusst oder unbewusst - in sich trägt. Ich möchte also an dieser Stelle nochmals allen meinen Klientinnen und Klienten DANKE sagen, für die in diesem Buch zugänglich gemachten Berichte. Es heißt: keine Information und keine Erfahrung geht verloren, sie wird im Weltgedächtnis gespeichert; meines Erachtens, um von DEN Menschen gefunden zu werden, die daran lernen und wachsen möchten!

Danken möchte ich weiterhin allen Autoren, die ich in meinem Buch zitiere und deren Werke im Anhang gelistet sind. Ich durfte in all diesen Büchern die Bestätigungen finden, die meine eigenen Überzeugungen, Erfahrungen und damit verbundene Erkenntnisse untermauern und mir weiterführende Erklärungen zu bestimmten Themen und wichtigen Lebensfragen liefern konnten. Eine ganzheitliche Perspektive zu haben, bedeutet für mich, eine Sache von verschiedenen Seiten aus betrachten zu können und trotzdem zu einem Ergebnis gleichen Wertes zu kommen; nur dann kann ein Ringschluss stattfinden.

Ich kann deshalb jedem Leser, der tiefer schürfen möchte, die im Appendix aufgeführten Schriften überzeugt weiter empfehlen.

Ganz besonders bedanken möchte ich mich bei Sieglinde Fuchs, die für mich das Vorwort zu diesem Buch geschrieben hat. Sie ist nicht nur eine befähigte Naturwissenschaftlerin, die den Dingen gemäß ihrer „skorpionischen" Veranlagung tief auf den Grund geht; Sieglinde Fuchs hat – neben vielen anderen Talenten – auch seit über 20 Jahren Erfahrung in der Sterbebegleitung. Gemäß ihrer Berufung hält sie in diesem Bereich nicht nur in Deutschland Vorträge und Seminare mit dem Titel: „Die Kunst des Sterbens" und berührt in ihrer unvergleichlichen Art damit alle Herzen ihrer Zuhörer und Seminarteilnehmer.

Wegbereiter und Weggefährten

Ich habe das große Glück, wertvolle Menschen in meinem Leben zu haben, die ich tief in mein Herz geschlossen habe; dies gilt sowohl für meine Familie als auch für meine guten Freunde. Ich bin sehr glücklich, daß es euch alle in meinem Leben gibt! Mein inniger Dank gilt:

meinem geliebten Vater, der Sonne meiner Kindheit; der mir vorgelebt hat, wie kostbar es sein kann, wenn ein Mensch seinen Glauben zu seiner absoluten Überzeugung gemacht hat, sein ganzes Handeln danach ausrichtet und dadurch unseren Schöpfer schon in diesem Leben gefunden hat. *Deine Konfession konnte ich nicht mit Dir teilen, da ich darin keine Antworten auf meine Fragen finden konnte; teilen kann ich aber sehr wohl Deinen unerschütterlichen Glauben an unseren Schöpfer. Nicht nur in meinen Träumen bin ich mit Dir über den Tod hinaus innig verbunden!*

meiner lieben Mutter, durch die ich erleben durfte, wie gewaltig die Leidensfähigkeit eines Menschen sein kann und die mich damit erkennen ließ, dass jeder Mensch seinen Weg im Leben selbst wählt; denn die Liebe, die Freude und das Leid sind unsere selbstgewählten Wegbegleiter. Die Wahl steht jedem von uns frei, nur die Folgen davon muss jeder von uns selbst erfahren und durchleben. *Liebevoll und zutiefst dankbar denke ich an Deine letzten Lebensjahre und unsere bereichernden Gespräche über den Sinn unseres Lebens zurück. Während der Tage Deines „Hinübergehens" durfte ich Dich begleiten; diese wertvollen Erinnerungen trage ich tief in meiner Seele und hüte sie wie einen Schatz!*

meinem wundervollen Ehemann, meinem besten Freund und treuesten Weggefährten für seine bedingungslose Liebe, seine selbstlose Unterstützung und seinen unerschütterlichen Optimismus in allen Lebenslagen. Wahre Liebe bedeutet für uns beide mit dem Herzen zu sehen und unsere gemeinsamen Überzeugungen und Werte zu leben. *Ich bin froh und glücklich, dass wir uns haben finden dürfen! Annähernd 30 Jahre haben wir bereits miteinander gelebt, gelacht und geliebt; ich freue mich auf viele weitere gemeinsame Jahre und ich betrachte jedes Einzelne davon als ein großes Geschenk!*

ANHANG

Quellenangaben

Abd-ru-shin: Im Lichte Wahrheit – Gralsbotschaft

Abd-ru-shin: Die zehn Gebote – Das Vaterunser

Ackermann, Roland: Easy zum Ziel

Braden Gregg: Bewusstsein der neuen Erde

Braden, Gregg: Im Einklang mit der göttlichen Matrix

Braunschweig-Pauli, Dagmar: Die Jodlüge – Das Märchen vom gesunden Jod

Broers, Dieter: ®Evolution 2012

Carnegie, Dale: Sorge Dich nicht, lebe!

Dahlke, Rüdiger: Krankheit als Weg/Krankheit als Chance/Krankheit als Symbol

Dahlke, Rüdiger: Peace Food

Dispenza Joe: Schöpfer der Wirklichkeit

Emoto, Masaru: Wasser

Eybl Björn: Die seelischen Ursachen von Krankheiten

Ferreira, Peter: Wasser und Salz

Franckh, Pierre: Das Gesetz der Resonanz

Hildmann, Attila: Vegan for fun, Vegan for fit

Holey, Jan Udo: Die Kinder des neuen Jahrtausends

Jentschura, Peter: Gesundheit durch Entschlackung

Jentschura, Peter: zivilisatoselos

Lipton, Bruce: Intelligente Zellen

Lipton, Bruce: Spontane Evolution

Murphy, Joseph: Die Macht Ihres Unterbewusstseins

Murphy Joseph: Die unendliche Quelle ihrer Kraft

Saint-Exupery, Antoine de: Der kleine Prinz

Sheldrake, Rupert: Der 7. Sinn der Tiere, Der 7. Sinn des Menschen

Sheldrake, Rupert: Der Wissenschaftswahn

Sumner, Dr. F. W.: Das kommende Goldene Zeitalter

Swann, Ingo: Der sechste Sinn.

Entdecken Sie Ihre außergewöhnlichen Fähigkeiten

Tolle, Eckhart: Eine neue Erde

Tolle Eckhart: Jetzt!

Vinmann, Ulrike: Das Zellgedächtnis

Weiskopf, Christina: Abenteuer Essen

Wickland, Carl: 30 Jahre unter den Toten

Widmer, Veronika: Impfen – eine Entscheidung die Eltern treffen

Qualifikationen

Technische Ausbildung zur Informationselektronikerin
Studium der Betriebswirtschaftslehre (FA Hamburg)
20 Jahre Berufserfahrung als Projekt-Koordinatorin und Einkaufs-Leiterin in der internationalen Elektronikbranche; zuletzt Kaufmännische Leitung mit Personal-Verantwortung
Astrologie-Studium in München-Starnberg
Training Psycho-Physiognomik, Institut Physiognomika
Ausbildung zum Coach: Mit Intuition zum Erfolg (ADW)
Ausbildung zum zertifizierten Life-Coach (ADW)
Schulungen im Bereich „Energetische Heilweisen“:
Quantenheilung, Matrix, 2PM, Heilmagnetismus und Healing
Eigene Methode: Heilenergetik
Öffentliche Vorträge, Seminare & Workshops

Homepage: margit-strasser.de
Email: margit.strasser@email.de

Margit Strasser ist bekannt durch zahlreiche veröffentlichte Fachartikel und aus ihrer Fernsehreihe „Astrologie im Gespräch“ beim Regionalsender TVAktuell.